Streik
im 21. Jahrhundert

Vania Alleva | Andreas Rieger (Hg.)

Streik

im 21. Jahrhundert

Rotpunktverlag.

© 2017 Rotpunktverlag, Zürich

www.rotpunktverlag.ch

Redaktion: Andreas Rieger und Lucas Dubuis

Übersetzung ins Deutsche: Wanda von Heyningen

Korrektorat: Andrea Linsmayer

Bildnachweis: Sofern bei den Fotos nicht anders erwähnt,
stammen die Bilder aus dem Archiv der Unia.

Umschlag und Satz: Patrizia Grab

Bildbearbeitung: Widmer & Fluri, Zürich

Druck und Bindung: Bubenberg Druck und Verlag, Bern

ISBN 978-3-85869-754-7

1. Auflage

Inhalt

Vorwort

Bilder von Streikenden sind in der Schweiz keine Seltenheit mehr. Sie wecken in der Öffentlichkeit schnell grosses Interesse und auch Solidarität. Wer sind diese Leute, die den Mut haben, ihrem Arbeitgeber die Stirn zu zeigen? Warum greifen sie zu diesem starken Mittel der Auseinandersetzung? Haben sie Aussicht auf Erfolg? Solche Fragen stellen sich immer wieder bei akuten Arbeitskämpfen. In diesem Buch werden eine Auswahl von Streiks seit dem Jahr 2000 dargestellt und in ihrer Bedeutung diskutiert.

Wann werden ArbeiterInnen und Angestellte mit ihrer Gewerkschaft wirklich ernst genommen? Die Antwort auf diese Frage ist überraschend einfach: Wenn sie streiken können. Ein Blick über die Landesgrenzen hinaus zeigt: Demokratische Gesellschaften zeichnen sich dadurch aus, dass sie das Streikrecht anerkennen. Entsprechend ist dieses in den Abkommen der Internationalen Arbeitsorganisation (ILO) und der Europäischen Menschenrechtskonvention verankert. In Deutschland – auch keine Streikhochburg – wird das Streikrecht mit dem Argument geschützt, echte Verhandlungen seien nur möglich, wenn Gewerkschaften auch mit Streiks genügend Druck aufbauen können, um ernst genommen zu werden. Ohne das Recht auf Streik wären Tarifverhandlungen nicht mehr als «kollektives Betteln», hielt das Bundesarbeitsgericht fest.

In der Schweiz hingegen ist dieser Zusammenhang nach langen Jahrzehnten der Streikabstinenz in der zweiten Hälfte des 20. Jahrhunderts beinahe vergessen gegangen. Das Mittel des Streiks galt zunehmend als überholt, illegal und sogar «unschweizerisch». Das hat sich auch mit der Aufnahme des Streikrechts in die neue Bundesverfassung im Jahr 2000 nicht grundlegend geändert. Auch heute noch werde ich von Journalisten immer wieder mit dem Vorurteil konfrontiert, dass die Unia doch nur aus eigennützigen PR-Gründen Streiks anzettle und damit die Sozialpartnerschaft gefährde.

Das ist natürlich Unsinn. Streiken ist kein Selbstzweck, und die Unia unterstützt Streiks nicht aus Marketingüberlegungen. Das wäre nicht nur schlechtes Marketing, sondern auch unverantwortlich gegenüber den betroffenen Arbeitnehmenden. Denn ein Streik ist kein Sonntagsspaziergang. Er birgt für alle Beteiligten grosse Belastungen und Risiken. Es braucht darum jeweils sehr viel, bis sich eine Belegschaft zum Streik entschliesst. Und immer ist dies der letzte Schritt in einem manchmal lange schwelenden Arbeitskonflikt. Er kommt erst dann, wenn alle anderen Versuche, den Konflikt beizulegen, gescheitert sind.

Damit ist auch bereits der wichtigste Grund dafür genannt, warum – trotz Einschüchterung und weiterhin verbreiteten Vorurteilen – auch in der Schweiz die Zahl der Streiks seit der Jahrtausendwende stark angestiegen ist. Fast immer sind Streiks eine Reaktion auf unzumutbare, oft prekäre Arbeitsbedingungen oder drohende Entlassungen. Wenn der Druck auf Löhne und Arbeitsbedingungen zunimmt, Unternehmen ihre soziale Verantwortung nicht mehr wahrnehmen oder Angestellte respektlos behandeln und die Arbeitgeber auch noch den Dialog mit den Sozialpartnern verweigern, dann bleibt den Arbeitnehmenden als letztes Mittel des Widerstands nur noch der Streik.

Über hundert Mal hat die Unia in den letzten Jahren Arbeitnehmende bei diesem letzten Schritt unterstützt. Mehrheitlich mit Erfolg. Inzwischen gibt es kaum mehr eine Branche ohne Arbeitskampf. Neben ArbeiterInnen in Industrie- und Baubranchen traten Spitex-Pflegerinnen, Theaterangestellte, Verkäuferinnen, Seeleute, Pizzakuriere und Taxifahrer gegen Missstände am Arbeitsplatz in den Ausstand. Und selbst Arbeitnehmende in Betrieben und Branchen, in denen noch keine Streiks stattgefunden haben, profitieren von der gestiegenen Streikfähigkeit. Denn nur mobilisierungs- und streikfähige Belegschaften können zusammen mit den Gewerkschaften das im Zuge der Globalisierung zunehmend ungünstigere Kräfteverhältnis zwischen Kapital und Arbeit verbessern. Nur wenn sie mobilisierungs- und streikfähig sind, werden sie ernst genommen. Nur dann können Gewerkschaften auf Augenhöhe mit den Arbeitgebern bessere Löhne, Arbeitsbedingungen und Arbeitnehmerrechte aushandeln.

Die Unia arbeitet seit ihrer Gründung daraufhin, sich in den Betrieben und Branchen zu verankern und deren Streikfähigkeit zu verbessern. Sie hat dabei einiges erreicht, kann aber noch dazulernen. Denn nirgends zeigt sich klarer, warum sich die Arbeitnehmenden in einer Gewerkschaft zusammenschliessen und gemeinsam für ihre Interessen einstehen müssen, als im Streik.

Ich bin immer wieder beeindruckt vom Mut und von der Entschlossenheit, die streikende Arbeitnehmende an den Tag legen. Dahinter steht zumeist eine hohe Identifikation mit dem eigenen Beruf, dem eigenen Unternehmen, dem gemeinsam Geschaffenen. Letztlich verteidigen sie nicht nur ihre Arbeitsplätze oder Arbeitsbedingungen, sondern die Würde der Arbeit selbst. Es ist darum meine tiefe Überzeugung, dass eine Gewerkschaft, die diesen Namen verdient, immer bereit sein muss, eine Belegschaft, die sich für den Arbeitskampf entscheidet, mit ganzer Kraft zu unterstützen. Das sind wir diesen Menschen ganz einfach schuldig.

Vania Alleva

Betrieb	Zeba Zentralwäscherei Basel
Branche	Wäschereien
Ort	Basel
Anzahl Streikende	80 Personen
Grund	grosse Lohnkürzungen
Zeitpunkt und Dauer	29. November–4. Dezember 2000 (6 Tage)

Zentralwäscherei Basel

No pasarán!

«Vor Streikbeginn räumten wir unsere Umkleidekabinen. Wir rechneten mit einer möglichen Entlassung!»

«Vor Streikbeginn räumten wir unsere Umkleidekabinen. Wir rechneten mit einer möglichen Entlassung!» Allein dieser Satz einer Arbeiterin der Wäscherei Zeba in Basel zeigt die Entschlossenheit der Personen, die im November 2000 in der Stadt am Rheinknie einen der bedeutendsten Streiks der damaligen Zeit durchführten.

Zu Beginn des Jahrtausends waren viele Arbeitsstellen des öffentlichen Sektors in die Privatwirtschaft übergegangen. Die Zeba, die Zentralwäscherei Basel, bildete keine Ausnahme. 1994 beschlossen die kantonalen Behörden, sich ihrer zu entledigen, behielten aber 70 Prozent des Aktienkapitals. Den Angestellten wurde zugesichert, dass die Löhne nicht darunter leiden würden. Neu angestellte Personen hingegen erhielten die im Privatsektor üblichen tieferen Löhne; bisweilen waren das nicht einmal 3000 Franken pro Monat.

1998 liefen die Geschäfte harzig, in der Folge wurden die Löhne um 7 Prozent gekürzt. Im Februar 2000 dann ein weiterer Tiefschlag: Die Verantwortlichen der Wäscherei, die ihre Dienstleistungen an viele Spitäler, Kliniken und Altersheime der Stadt verkauft, geben bekannt, dass die Löhne der Dienstältesten auf das privatwirtschaftliche Niveau gesenkt werden. Bisher verdienen sie im Durchschnitt 4200 Franken pro Monat, neu sollen sie sich mit rund 3100 Franken begnügen.

Die Massnahme betrifft 68 der 120 Produktionsangestellten. «Nach jahrelanger Erfahrung werden wir zu ungelernten Arbeiterinnen deklassiert», meint Maria verbittert. In diesem Klima der Unzufriedenheit schlägt die Gewerkschaft Bau und Industrie (GBI) einen Warnstreik vor. Am Morgen des 8. März stehen die Waschmaschinen still. «Keine saubere Wäsche für einen Drecklohn» steht auf den Transparenten der Streikposten auf dem Firmengelände. «Wir waren immer engagierte Arbeiterinnen und treu gegenüber der Firma, jetzt waren wir sehr enttäuscht», meint Dominique, die auf 20 Jahre Erfahrung in der Firma zurückblickt. Die Gewerkschaften fordern eine Abkehr von den «skandalösen Lohnkürzungen».

Kampf den niedrigen Löhnen

Rita Schiavi von der GBI-Geschäftsleitung reicht eine Motion im Grossen Rat des Kantons ein. Darin fordert sie die Rücknahme der Privatisierung. Das Klima verhärtet sich auch gegenüber der sozialdemokratischen Staatsrätin Veronika Schaller. Diese amtet als Verwaltungsratspräsidentin der Zeba und erachtet die Proteste als illegal. Für die Gewerkschaften

sind sie angesichts der unerwarteten Änderungen der Lohnbedingun-
gen legitim. Es beginnen langwierige Verhandlungen zwischen der
Direktion, dem Kanton und den Gewerkschaften.

Auch in der nahegelegenen Wäscherei Aare AG in Rheinfelden (AG) wird
die Situation untragbar. Dort streiken die Arbeitnehmenden mit Unterstützung der GBI im Mai 2000 während eineinhalb Tagen, nachdem ein
Gewerkschaftsmitglied entlassen wurde. Hier schwanken die Löhne
zwischen 2100 und 2500 Franken pro Monat, gleichzeitig kämpfen die
Gewerkschaften auf nationaler Ebene mit der Kampagne «Kein Lohn
unter 3000 Franken» dafür, dass alle einen Lohn von mindestens 3000
Franken pro Monat garantiert haben. Der Protest trägt Früchte: Die
Kündigung wird zurückgezogen, und im Juni einigen sich die Parteien
darauf, die Mindestlöhne um über 550 Franken pro Monat zu erhöhen.

In Basel wird dagegen eine Vereinbarung immer unwahrscheinlicher.
Im Oktober wirft Veronika Schaller als Zeba-Verwaltungsrätin das
Handtuch. Trotzdem sind ihre Tage in der Regierung gezählt: Im November wird sie nicht wieder bestätigt. Am 9. November lanciert die GBI
eine Umfrage an der Basis. Überrascht stellt sie fest, dass 82 der 90 Mitglieder für einen unbefristeten Streik votieren, sollte sich die Situation
nicht verbessern. «Ich bin eine besonnene Frau und eine überzeugte
Gewerkschafterin. Als wir uns für einen unbefristeten Streik entschieden hatten, war ich etwas verunsichert: Ich dachte an die Patienten, die
eine Zeitlang auf unsere Dienstleistungen würden verzichten müssen»,
meint eine Italienerin und macht klar, dass der Beschluss nicht leichten
Herzens gefasst wurde. Ein Ultimatum bis zum 28. November ver-
streicht ergebnislos.

Der Streik beginnt an einem kalten Novembermorgen. Es ist 4.15 Uhr,
als ein Konvoi von etwa zehn Fahrzeugen Richtung Wäscherei fährt. In
wenigen Minuten werden Streikposten aufgestellt und Flaggen der GBI
und des VPOD gehisst. Langsam treffen die Leute ein, und die Radio-
programme verkünden, dass in der Zeba gestreikt wird. «Nach monate-
langen ergebnislosen Verhandlungen war ich überzeugt, dass uns nur
ein Streik weiterhelfen konnte», erinnert sich eine Arbeiterin. Die Frau-
en sind entschlossen. Vereint fühlen sie sich stark. Viele Italienerinnen
sind auch politisch aktiv, engagiert in den Colonie libere. Mit dabei sind
auch Spanierinnen, Grenzgängerinnen und Arbeiterinnen aus Ex-
Jugoslawien.

14

Zentralwäscherei Basel

Zwischen den Gewerkschaften und den Streikenden entsteht ein Klima der Solidarität. Dies ist der Motor, der in den nächsten Tagen alles am Laufen hält. Viele Gewerkschafter sind jung, entschlossen und voller Tatendrang, bisweilen fehlt ihnen aber die Streikerfahrung. «Wir lernten Tag für Tag dazu», erinnert sich Rita Schiavi. «Nach den Versammlungen gingen wir zusammen in die Stadt, um die Leute über die Geschehnisse bei der Zeba zu informieren.» Sie verteilen Flugblätter, die Leute bleiben stehen und diskutieren. «Für einen so tiefen Lohn würde ich keine schmutzige Wäsche anrühren, ihr Frauen von der Zeba habt recht», meint eine Passantin und ermuntert zum Durchhalten.

Von Tag zu Tag verstärkt sich die Solidaritätsbewegung in der Stadt, und die Aktion gewinnt zusehends an nationaler Bedeutung. Die Direktion der Wäscherei verschickt gleichzeitig Kündigungsschreiben und Anzeigen wegen Hausfriedensbruch und Nötigung. Sie möchte die Fabrik betreten, aber etwa dreissig Streikende blockieren den Eingang, sitzen am Boden, bilden eine Kette und skandieren «no pasarán». Die Polizei muss intervenieren und die Streikenden einzeln wegtragen. Es kommen aber keine Unruhen auf.

Die Tage vergehen, die Entschlossenheit bleibt. «Wir wollen bis zum Schluss ausharren», meint Dominique. Sie weiss, dass der Sieg keine sichere Sache ist. Im Fall einer Niederlage und Kündigung wird es für sie und viele ihrer Kolleginnen eines gewissen Alters nicht einfach sein, eine neue Stelle zu finden.

Freudensprünge

Am 3. Dezember kommt es schliesslich zu Verhandlungen zwischen der Zeba-Direktion und der Gewerkschaftsdelegation, vermittelt von der Basler Regierung. Am Nachmittag nehmen über fünfhundert Personen an einem Fest teil, das die Gewerkschaften auf dem Theaterplatz in Basel organisiert haben. Nicht weit davon entfernt gehen die schwierigen Verhandlungen weiter. Nach einem 14-stündigen Marathon wird am Sonntag, 4. Dezember, um zwei Uhr morgens eine Einigung erzielt. Hansueli Scheidegger und die andern Gewerkschaftsdelegierten treten müde, aber mit einem zufriedenen Gesichtsausdruck aus dem Sitzungssaal. Das erzielte Verhandlungsergebnis wird am Morgen von der Basis ratifiziert. «Wir konnten unsere Forderungen fast auf der ganzen Linie durchsetzen. Das ist eine grosse Ermutigung. Der Streik hat gezeigt, dass man sich mit Erfolg wehren kann», meint Rolf Beyeler, der damalige Sprecher der GBI.

Die Kantonsregierung offeriert 30 Personen, die noch vor der Privatisierung angestellt worden waren, eine Stelle in der Verwaltung zum gleichen Lohn. Wer nicht wechseln will, kann bei der Zeba bleiben. Sofern es in zwei Jahren noch mehr als 25 «ältere Arbeitnehmende» haben sollte, was angesichts der Fluktuation unwahrscheinlich ist, können deren Löhne um höchstens 4 Prozent gekürzt werden. Auch werden die Pflöcke für einen neuen Gesamtarbeitsvertrag ab 2001 eingeschlagen. Die Mindestlöhne werden von 3000 auf 3200 Franken pro Monat angehoben, bei garantiertem Teuerungsausgleich. Vorgesehen sind auch dienstaltersabhängige Lohnerhöhungen, ein besserer Kündigungsschutz und das Recht auf Anhörung.

«Angesichts dieses Resultats haben wir Freudensprünge gemacht. Wir haben gesungen und getanzt, weil auch die Mindestlöhne erhöht und der Kündigungsschutz verbessert worden waren», erinnert sich eine Arbeitnehmerin. Für die Streikenden geht ein Albtraum zu Ende. Sie kehren mit dem Bewusstsein ihrer Stärke zurück an den Arbeitsplatz. Mit der Zeit entsteht bei der Zeba ein konstruktiver Dialog, der auch zu Verbesserungen im Bereich des Gesundheitsschutzes führt.

Die Gewerkschaften beendeten erfolgreich einen Arbeitskampf, der die Mindestlohnproblematik ebenso thematisierte wie die schmerzhaften Auswirkungen der Privatisierung. Die Zeba wird in den folgenden Jahren bessere Geschäftsresultate erzielen und in die Hände der deutschen Gruppe Bardusch übergehen, mit der die Unia noch heute einen Gesamtarbeitsvertrag führt. Die Basler Wäscherei war für viele junge Gewerkschafter der Prüfstand: Sie lernten zu streiken, was sich zwei Jahre später als äusserst wichtig für den Kampf um die Frühpensionierung der Bauarbeiter mit sechzig erweisen wird. Aber das ist wieder eine andere Geschichte…

Anna Luisa Ferro Mäder

Betrieb	Zyliss (Diethelm Keller Holding)
Branche	Küchengerätefabrikation
Ort	Lyss (BE)
Anzahl Streikende	85 Personen
Grund	Produktionsverlagerung nach China
Zeitpunkt und Dauer	18.–27. November 2003 (8 Tage)

Phantasie gegen Macht

«Heute wollen wir mal in diese Welt schnuppern und erleben, wie das ist, wenn man tagsüber Golf spielt.»

Der Novembernebel hat sich an diesem Morgen über dem Golfplatz im noblen Zürcher Vorort Zumikon noch nicht ganz aufgelöst. Trotzdem tummeln sich bereits um die sechzig Frauen und Männer auf dem satten Grün. Einige tragen rote Gewerkschaftsjacken – nicht gerade die typische Kleidung für Golferinnen und Golfer. Der eine oder die andere versucht sich an ein paar Abschlägen. Einer trägt ein Megaphon. In einer Gruppe wird ein Transparent hochgehalten: «Zyliss bleibt in Lyss».

«Normalerweise spielen hier ja die Wirtschaftgrössen», erklärt einer von ihnen. «Heute wollen wir mal in diese Welt schnuppern und erleben, wie das ist, wenn man tagsüber Golf spielt.» Namen fallen nicht, aber es ist eindeutig, wer gemeint ist. Hier in Zumikon entspannen sich regelmässig Diethelm Keller und seine Kader von der Handelsgesellschaft Diethelm Keller Holding (DKH). Ihr gehört seit Mitte der 1980er-Jahre der Küchengerätefabrikant Zyliss aus dem seeländischen Lyss. Vor einigen Wochen haben sie den heutigen Besucherinnen und Besuchern des Golfplatzes mitteilen lassen, dass sie nicht mehr gebraucht werden. Dass Zyliss geschlossen und die Produktion nach China verlagert werde.

Wir schreiben Donnerstag, den 20. November 2003. Es ist der dritte Streiktag der 85 Beschäftigten, die für ihre Arbeitsplätze kämpfen. Mit dem Besuch auf dem Golfplatz sei der Streik «salonfähig» geworden, sagt die Filmemacherin Verena Endtner, die die Auseinandersetzung um Zyliss dokumentiert. Sicher ist jedenfalls: Die Streikenden haben mit ihrer aufsehenerregenden Aktion nationale Medien wie den *Blick* und breite öffentliche Unterstützung für sich gewonnen.

Der Kahlschlag von Lyss

Es ist anzunehmen, dass Zyliss-CEO Hardy Steinmann nicht mit solchem Aufsehen gerechnet hatte, als er am 2. Oktober 2003 das Aus der Produktion der berühmten Zwiebelhacker («Zick Zick Zyliss») in der Schweiz verkündete. Im April hatte Steinmann bereits zwanzig Beschäftigte entlassen, zugleich aber erklärt, in Lyss keine weiteren Stellen zu streichen und am Standort festzuhalten.

Das Ende der Zyliss war der zweite Tiefschlag für Lyss innerhalb weniger Tage. Kurz zuvor war bereits das Verteilzentrum des Einzelhandelsunternehmens Usego geschlossen worden. Dort hatte die Gewerkschaft Bau und Industrie (GBI) interveniert, und die Belegschaft war in einen mehrstündigen Streik getreten. Resultat: Usego bot zumindest Hand zu einem vernünftigen Sozialplan.

Dieser Erfolg einerseits, der Wortbruch Steinmanns andererseits dürften dazu beigetragen haben, dass die Gewerkschaft auch bei Zyliss schnell mit den Betroffenen ins Gespräch kam. «Innerhalb von Tagen haben wir eine unorganisierte Belegschaft auf Touren gebracht und fünfzig neue Mitglieder gewonnen», erinnert sich Corrado Pardini, der damalige Regionalsekretär von GBI und SMUV. Im Seeland hatten sie bereits ein Jahr vor der Fusion zur Unia zusammengespannt.

Das Ergebnis der nach Massenentlassungen gesetzlich vorgeschriebenen Konsultationen stand für CEO Steinmann von vornherein fest: «Ich werde die Gewerkschaft schon von der Notwendigkeit der Schliessung in Lyss überzeugen», liess er verlauten. Zumindest nach aussen hin offener gaben sich seine Chefs in Zürich. Am 29. Oktober erhielten sie Besuch von der Belegschaft, die praktisch geschlossen angereist war. Die Beschäftigten hatten die Arbeit niedergelegt, um Renato Fassbind, dem damaligen DKH-Frontmann, eine Petition zum Erhalt der Zyliss in Lyss zu übergeben. Dafür hatten sie mehr als 15 000 Unterschriften gesammelt. Fassbind willigte ein, in den weiteren Verhandlungen auch über den Produktionsstandort zu sprechen.

Nunmehr machten sich das Aktionskomitee der Beschäftigten und die Gewerkschaft zusammen mit mittleren Kadern der Firma daran, eine neue Produktions- und Verkaufsstrategie für Lyss zu erarbeiten. An den Gesprächen zur Prüfung der Belegschaftsforderungen beteiligte sich zeitweise auch Elisabeth Zölch, die Berner Volkswirtschaftsdirektorin. Dabei, so Pardini, «zauberte sie einen neuen Investor aus dem Hut», der allerdings nur vage Vorstellungen für wenige neue Arbeitsplätze im Gepäck hatte.

Einfallsreiche Aktionen

Am 17. November brach das Aktionskomitee die Gespräche ab. Begründung: Zwei Wochen lang sei die Firma überhaupt nicht auf ihre Überlegungen zum Erhalt der Arbeitsplätze und der Produktion in Lyss eingegangen. Bei gerade mal einer Enthaltung beschlossen die Zylissianer, am nächsten Morgen die Arbeit niederzulegen.

Es sollte einer der längeren Arbeitskämpfe in der Geschichte des Landes werden – und der Kampf mit den einfallsreichsten Aktionen der Streikenden. In den folgenden acht Tagen besuchten sie nicht nur den Golfplatz in Zumikon, sondern auch den Grossen Rat in Bern. Sie standen in Coop-Supermärkten vor den Regalen mit Zyliss-Ware und informierten die Kundschaft, organisierten eine Pressekonferenz im Zürcher Hotel Marriot, dort, wo die Diethelm-Keller-Gruppe gerne ihre Erfolgszahlen präsentiert. Und sie empfingen Alt-Bundesrat Otto Stich, Spieler der Young Boys Bern, aber auch Delegationen anderer Gewerkschaften und der SP in ihrem Streikzelt vor dem Werksgebäude. Zugleich konkretisierte die Belegschaft ihre Überlegungen zum Erhalt der Zyliss-Produktion in Lyss. Am Beispiel einer Knoblauchpresse und einer Salatschleuder rechneten sie vor, dass in Lyss zumindest genauso günstig wie in China, wenn nicht sogar billiger produziert werden könne. Dank der Marktnähe und der technischen Erfahrung der Lysser Belegschaft könne hier zudem in kleineren Stückzahlen produziert und so schneller auf Kundenbedürfnisse reagiert werden. Ein zwölfmonatiges Moratorium sollte ihnen Zeit verschaffen, um ihre Idee einer Beschleunigung der Produktion und eines neuen Marketings umzusetzen.

Doch CEO Steinmann tat das alles als «unrealistisch und rückwärtsgewandt» ab. Unrealistisch? In den bisherigen Verhandlungen habe die Chefetage genügend Zeit gehabt, um die von der Belegschaft erarbeitete Alternative zur Produktionsverlagerung nach China durchzurechnen, konterte Pardini. Auch nach mehrtägiger Prüfung habe sie jedoch keinen Fehler finden können. Daraus sei zu schliessen, dass die Alternative betriebswirtschaftlich vernünftig sei.

Immerhin wurde der öffentliche Druck auf Steinmann und Fassbind so gross, dass sie trotz des Streiks an den Verhandlungstisch zurückkehrten. Für Gewerkschaft und Aktionskomitee stand jetzt ein guter Sozialplan im Vordergrund. Eher zurückhaltend kommentierten sie dabei den vermeintlichen neuen Investor, obgleich jener mit Unterstützung der Kantonsregierung sein Angebot mittlerweile konkretisiert hatte. Nunmehr sprach er von 5,5 Millionen Franken, die er investieren wolle, um mit sechzig bisherigen Zyliss-Beschäftigten in der Fabrik neuartige Flaschenverschlüsse zu produzieren. Der Maschinenmechaniker Rolf Kunz meinte später: «Ich hatte früh das Gefühl, dass da einer gekauft worden war.»

Acht von zehn Punkten

Gleichwohl wurde der behauptete Neustart Teil der Einigung vom 26. November, die Fassbind tags darauf persönlich im Streikzelt vorstellte: Die DKH garantiert bis Ende 2004 die bisherigen Löhne und sagt allen, die vorher kündigen, «eine grosszügige Entschädigung» zu. Sie stellt der

neuen Firma das Fabrikgebäude und Teile des Maschinenparks zur Verfügung, damit sechzig Beschäftigte ab April des nächsten Jahres für das
neue Unternehmen arbeiten können. Unter dem Strich wollten sich die
Zürcher das Ende der eigenen Produktion in Lyss 14 Millionen Franken
kosten lassen.

Der Streik war damit nach acht Tagen beendet. «Ich würde wieder
streiken. Der Streik hat ein neues Zusammengehörigkeitsgefühl gebracht», sagte Zylissianerin Fanni Lieb. Er habe viel gelernt in diesen Tagen, meinte Maschinenmechaniker Rolf Kunz. Ähnlich äusserte sich
seine Kollegin Barbara Krähenbühl: «Der Streik war eine wichtige Erfahrung, die man aber hoffentlich nicht so schnell wieder machen muss.»
Und Philipp Loder, der Präsident des Aktionskomitees, kommentierte,
das Ergebnis erreiche dank des Sozialplans acht von zehn Punkten. Be-
dauerlich sei allerdings, dass Zyliss nicht mehr in Lyss produziere.

Im Frühjahr 2004 zerschlugen sich die Pläne für eine Nachfolgefirma.
Der Investor zog sich zurück, angeblich, weil er die erforderliche Summe
nicht stemmen konnte. Die sechzig Angestellten, die auf einen neuen Job
gehofft hatten, standen wieder vor dem Aus. Die Gewerkschaft nahm die
Verhandlungen über den Sozialplan erneut auf und erreichte weitere
Verbesserungen. Dazu gehörten Frühpensionierungen und eine Ab-
gangsentschädigung von sieben statt sechs Monatslöhnen. Am 27. Februar stimmten die Beschäftigten dem verbesserten Sozialplan zu.

Im Frühjahr 2005 wurde das Zyliss-Gebäude am Schachenweg geräumt
und an einen Berner Unternehmer verkauft. Im Dezember 2005 verlegte
die DKH den Zyliss-Firmensitz nach Zürich. Im April 2006 wurde das
Unternehmen aus dem Handelsregister gelöscht. Die Marke Zyliss ver-
wendet seitdem die Diethelm Keller Brands AG.

Michael Stötzel

Unternehmen	Usego / Rewe / Denner
Branche	Logistik Detailhandel
Ort	Lyss (BE) und Egerkingen (SO)
Anzahl Streikende	150 Personen
Grund	Massenentlassung
Zeitpunkt und Dauer	24. September 2003 und 11. Oktober 2005 (je 1 Tag)

Denner-Chef im Streikzelt

«Ich will abends in den Spiegel schauen und sagen können, ich habe gekämpft, egal, wie es herauskommt.»

Manuel Domínguez hatte es zu Beginn der 2000er-Jahre kommen sehen. Er ist mittlerweile in Rente, erinnert sich aber noch gut an seine Jahre im Usego-Verteilzentrum Egerkingen (SO). Als aktiver Gewerkschafter habe er die Wirtschaftsnachrichten damals genau verfolgt, speziell die Meldungen über Handwechsel, Entlassungen und Schliessungen im Detailhandel und der dazu gehörenden Vertriebsorganisationen. Auch die Usego hatte Ende Juni 2003 einen neuen Besitzer bekommen: Die deutsche Rewe, der drittgrösste europäische Handelskonzern, hatte sie zusammen mit 146 Pick-Pay-Filialen aufgekauft. Danach, so Domínguez' Eindruck in jener Zeit, lief es nicht mehr besonders gut an seinem Arbeitsplatz. Einmal habe er mit einem seiner Vorgesetzten darüber gesprochen: «Er riet mir, mich nach einem neuen Job umzuschauen.» Wirklich überraschend kam der Knall vom September 2005 für Domínguez also nicht, als Rewe sein Schweizer Gastspiel nach gerade mal zwei Jahren wieder beendete und alles an Denner verkaufte. Dort allerdings hatte man eine entscheidende Bedingung gestellt: Erst müsse Rewe in seiner Schweizer Zentrale in Volketswill (ZH) und in Egerkingen noch Personal abbauen. Allein in Egerkingen sollten 250 Stellen gestrichen werden, zusätzlich zu den 90 Stellen, deren Abbau die Kölner Konzernzentrale bereits Anfang des Jahres beschlossen hatte.

Auch Anita B. hätte es wissen können. Die 51-Jährige arbeitete als «Rüsterin» im Frischdienst. Die Bestellungen der einzelnen Filialen zusammenzustellen, ist ein mühsames, körperlich belastendes Geschäft, zumal es hopphopp gehen musste, es wurde genau kontrolliert, wie viele Lieferungen die einzelnen Rüsterinnen und Rüster schafften. Ein Journalist der Unia-Zeitung *work* traf sie damals im provisorischen Büro, das die Gewerkschaft im Gasthaus Bahnhof in Egerkingen eingerichtet hatte, um die etwa 500 Arbeiterinnen und Arbeiter des Verteilzentrums zu betreuen. Mehr als die Hälfte von ihnen bangte nach der Übernahme durch Denner um ihren Job. In den zwei Jahren unter Rewe, erzählte Anita B. dem Journalisten, habe es immer weniger Arbeit gegeben. Zeitweise hätte sie bis zu zwei Stunden früher Feierabend machen müssen. Eine ihrer Kolleginnen berichtete wütend von den Hoffnungen, die sie trotzdem gehabt hätten, von der Erwartung, dass Rewe in der Schweiz noch Grosses vorhabe. Jetzt wollte sie sich nicht einfach auf die Strasse stellen lassen. Sie sagte: «Ich will abends in den Spiegel schauen und sagen können, ich habe gekämpft, egal, wie es herauskommt.»

Vorrunde 2003 in Lyss

Lange hatten die meisten Egerkinger geglaubt, bei Rewe auf der sicheren Seite zu stehen. Von hier aus, dachten sie, würden die Deutschen künftig all ihre Aktivitäten in der Schweiz organisieren, schliesslich waren sie in der Deutschschweiz das letzte Verteilzentrum, das von Usego beziehungsweise Pick Pay übrig geblieben war. Nur Tage nach ihrem Antritt in der Schweiz hatte Rewe im Sommer 2003 die Schliessung der Verteilzentren in Winterthur und in Lyss angekündigt. Dabei brachte das Aus von Lyss den Egerkinger Arbeiterinnen und Arbeitern nicht nur zusätzliche neue Aufträge, sondern auch ein Beispiel für erfolgreiche Gegenwehr. Die Lysser Beschäftigten hatten nämlich die Gewerkschaft Bau und Industrie (GBI) zu Hilfe gerufen, weil ihnen der Sozialplan, den das Unternehmen selbstherrlich verkündet hatte, nicht reichte.

Mit der Gewerkschaft wollten jedoch bis dahin weder Pick Pay noch die Usego etwas zu tun haben. So lehnte Geschäftsleiter Wolfgang Winter Verhandlungen zunächst brüsk ab. Erst ein Streik und die Blockade des Firmengeländes stimmten ihn um – und zwar ganz schnell: Wenige Stunden nach Streikbeginn am Morgen des 24. September 2003 sass Winter schon mit der Delegation von Belegschaft und Gewerkschaft zusammen. Noch am selben Tag konnte Corrado Pardini, der damalige Bieler Leiter der Unia-Vorläufer GBI und SMUV, die Verständigung über einen «sehr guten Sozialplan» verkünden. Mehr noch: Winter akzeptierte stellvertretend für seine neuen Chefs von Rewe die Aufnahme von Verhandlungen über einen Gesamtarbeitsvertrag für alle 1400 Usego-Angestellten.

Zweite Runde 2005 in Egerkingen

Ein halbes Jahr später, Mitte 2004, stand der neue GAV, der in Egerkingen unter anderem zu höheren Mindestlöhnen und einer Senkung der Wochenarbeitszeit von 42,5 auf 41 Stunden führte.

Aber eben: Zwar verbesserten sich die Arbeitsbedingungen, aber es gab weniger zu tun. Denn die Rewe-Geschäfte liefen schlecht. Möglicherweise hatten die Kölner den Schweizer Markt und den Einfluss der Migros auf Pick Pay nicht gründlich genug geprüft. 70 Prozent des Pick-Pay-Umsatzes wurden nämlich in Liegenschaften des orangefarbenen Riesen erwirtschaftet. Und dieser verbot seinem neuen Untermieter die Einführung von Frischprodukten und die Umwandlung der Filialen zu den in Deutschland erfolgreichen Penny-Märkten. Das war's dann.

Zwar verlor das Egerkinger Verteilzentrum noch im Juni 2005 seinen Namen Usego. Es hiess fortan «Rewe Schweiz». Doch bereits ein Vierteljahr später gab der Konzern sein Schweiz-Abenteuer ganz auf. Und Denner-Chef Philippe Gaydoul nutzte die Chance, die sein Grossvater Karl Schweri bereits in den 1980er-Jahren vergeblich gesucht hatte: Er schluckte Pick Pay.

Manuel Domínguez wundert sich heute noch darüber, dass seine damaligen, mehrheitlich Schweizer Kolleginnen und Kollegen in diesem «Provinzbetrieb» sogleich bereit waren, die Unia einzuschalten. So verwunderlich war das allerdings nicht: Etwa 50 von ihnen hatten ja zuvor in Lyss gearbeitet und die Erfolge der Gewerkschaft bei der Auseinandersetzung um die Schliessung des dortigen Verteilzentrums selbst miterlebt. Innerhalb weniger Tage waren deshalb 185 Beschäftigte der Gewerkschaft beigetreten. Eine erste Versammlung Anfang Oktober mandatierte Corrado Pardini und seinen damaligen zweiten Mann, den heutigen Bieler Regionalleiter Jesus Fernandez, zusammen mit einer elfköpfigen Aktionsgruppe der Beschäftigten, Verhandlungen sowohl mit Rewe als auch mit Denner zu führen. Rewe sollte einen anständigen Sozialplan auflegen, Denner sollte den Rewe-GAV übernehmen und Kooperationen mit Drittfirmen suchen, um das Verteilzentrum besser auszulasten.

«Kein Discount beim Denner-Personal»

Zunächst wiederholte sich, was schon die Lysser erlebt hatten, erzählt Domínguez. Die Denner-Leute seien «sehr arrogant» aufgetreten, «bis der Druck des Personals sie auf Normalform brachte». Zum Druck gehörte laut Domínguez einerseits die Ankündigung eines dreistündigen Warnstreiks am 11. Oktober unter dem Motto «Kein Discount beim Denner-Personal», und andererseits die Vorbereitung einer Belegschaftsreise nach Zürich mit dem Ziel, dort Philippe Gaydoul zur Rede zu stellen. So wollte sich der Denner-Chef allerdings nicht vorführen lassen. Er kündigte deshalb an, direkt nach dem Streik seine neue Belegschaft treffen zu wollen.

Mehr als 150 Beschäftigte verliessen an diesem 11. Oktober ihre Arbeitplätze und zogen, spektakulär angeführt von einem der Chauffeure auf einem monströsen dreirädrigen Motorrad, laut und fröhlich durch die Stadt. «Die Belegschaft nimmt ihr Schicksal selbst in die Hand», kommentierte Pardini. Und: Niemand könne versprechen, dass alle ihren Job behielten. «Aber gemeinsam können sie zu einer Nummer werden, mit der Denner rechnen muss.»

Immerhin, Gaydoul hielt Wort. Er kam, trotz der geladenen Atmosphäre und in einem Moment hoher medialer Aufmerksamkeit, ins Streikzelt – und gab sich dort überaus geschmeidig. Alle Anwesenden, auch die Medienleute, hörten heraus, dass sich Denner, wo Gewerkschaften bislang striktes Hausverbot hatten, zur Sozialpartnerschaft mit der Unia bekannte. Ein Fehlschluss, wie sich ein paar Tage später herausstellte. Ein Unternehmenssprecher legte – ohne von streikenden Arbeiterinnen und Arbeitern umringt zu sein – Gaydouls Rede aus. Ja, man werde den GAV, den Rewe mit der Unia und der Gewerkschaft Syna im Vorjahr abgeschlossen hatte, übernehmen und sich bis zum Ende der vereinbarten Laufzeit (30. November 2007) an ihn halten. Aber nein: «Wir ändern nichts an unserer Gewerkschaftspolitik.»

Erfolgreicher waren Unia und Aktionskomitee bei den Verhandlungen mit Rewe über den Sozialplan. Der Konzern akzeptierte Frühpensionierungen und ansehnliche «Austrittsabfindungen» für alle, die auf der Strasse landen. Insgesamt liess sich Rewe seinen Abschied von Egerkingen 20 Millionen Franken kosten. Das sei sehr viel Geld für Leute, die nicht mit Geld umgehen könnten, erklärte der bisherige Betriebschef, der gerade sein Unternehmen an die Wand gefahren hatte.

Denner hielt sich als selbständiges Unternehmen gerade mal ein Jahr in Egerkingen. Am 12. Januar 2007 übernahm die Migros den Discounter. Denner beschloss in der Folge die Auflösung seines Verteilzentrums in Egerkingen.

Michael Stötzel

Betrieb	Swissmetal Boillat
Branche	Metallindustrie
Ort	Reconvilier (BE)
Anzahl Streikende	400 Personen im Jahr 2004, 322 im Jahr 2006
Grund	Geschäftsstrategie, die den Produktionsstandort gefährdete
Zeitpunkt und Dauer	16.–25. November 2004 (8 Tage), 25. Januar–1. März 2006 (30 Tage)

Am Morgen des 16. November 2004 treten in Reconvilier etwa 400 Arbeiter der La Boillat (wie der dortige Betrieb der Swissmetal-Gruppe heisst) in den Streik – zur allgemeinen Überraschung für all jene, die die jüngere Entwicklung im Werk von Reconvilier nicht aus der Nähe verfolgt haben.

Von fern deutet nichts auf einen sozialen Konflikt solchen Ausmasses hin. 2004 könnte man als aussenstehender Betrachter noch meinen, die historische Fabrik La Boillat existiere noch. Ein ehrwürdiges, fast hundertfünfzigjähriges Unternehmen; eine Giesserei aus der Nachkriegszeit, spezialisiert auf die Bearbeitung von Nichteisenmetallen und ausgerichtet auf Produkte mit hoher Wertschöpfung, insbesondere für die Decolletage. Sie beliefert viele lokale Kunden, Schweizer und Ausländer, und hat sich den Status als Vorzeigefabrik der regionalen Wirtschaft erworben. Wenn La Boillat läuft, sind nicht nur 400 Stellen in Reconvilier gesichert, sondern es ist auch ein Zeichen dafür, dass die Auftragsbücher der zahlreichen Decolleteure der Region voll sind.

La Boillat konzentriert sich auf hochspezialisierte Produkte, die sie in Zusammenarbeit mit ihren Kunden entwickelt, um deren Anforderungen passgenau zu erfüllen. Die Belegschaft hat sich ein einzigartiges Know-how und hochspezialisierte Fähigkeiten entlang des ganzen Produktionsprozesses erworben.

Dieses Know-how und die Qualitätsarbeit sind der Stolz des Unternehmens und der ArbeitnehmerInnen, von denen die meisten schon lange Jahre in «ihrem» Betrieb tätig sind und sich stark mit ihm identifizieren. Ein paternalistisch geführter Betrieb, in dem die nicht gerade hohen Löhne mit verschiedenen sozialen Vorteilen kompensiert werden: So gibt es etwa ein günstiges Betriebsrestaurant, eine Krankenpflegerin im Betrieb oder Rabatt auf Benzin.

Der Ursprung des Konflikts

1986 integriert sich die bisher eigenständige La Boillat in die Gruppe Usines Métallurgiques Suisses (UMS, ab 1989 Swissmetal), die nun drei Schweizer Giessereien umfasst: Schweizerische Metallwerke in Dornach, Selve in Thun und La Boillat in Reconvilier. Die Gruppe ist Mitglied der Arbeitgeberorganisation Swissmem, und die ArbeitnehmerInnen sind dem GAV der Branche unterstellt. 1991 schliesst die Holding, die mit Schwierigkeiten kämpft, den Standort in Thun; die ehemaligen Selve-Kunden werden von La Boillat übernommen. Gleichzeitig kauft Swissmetal jedoch die Holding Busch-Jaeger, einen deutschen Konkurrenten, der als Brückenkopf für den europäischen Markt dienen soll. Ein desaströser Kauf, denn bereits 2003 schickt Swissmetal Busch-Jaeger in Konkurs.

Ab Ende 2002 steckt Swissmetal in einem Liquiditätsengpass. Die Gläubiger gewähren einen Zahlungsaufschub bis Ende Juni 2004, um die Gruppe zu rekapitalisieren. Für diese Aufgabe engagiert der Verwaltungsrat mit Martin Hellweg einen neuen Direktor, einen deutschen Financier und Mitglied der Ally Management Group, eines Zürcher Unternehmens, das sich auf Betriebsrestrukturierungen spezialisiert hat. Auf seinen Amtsantritt im Juni 2003 erarbeitet er einen Rekapitalisierungsplan. Diesem stimmt die Generalversammlung der Aktionäre am 30. Juni zu, und sie bestätigt Martin Hellweg in all seinen Machtbefugnissen. Der Grund dafür ist im Businessplan zu suchen, den er mit ihnen ausgehandelt hat und der die Aktionäre und Gläubiger überzeugt hat. Um den Anstieg des Aktienkurses zu stützen, präsentiert Martin Hellweg einen Plan zur Senkung der Produktionskosten. Zu diesem Zweck plant er eine starke Konzentration auf den Standort Dornach und eine «Verschlankung der Führungsstrukturen».

Martin Hellweg hat die Zustimmung der Aktionäre nicht abgewartet, um seinen Plan umzusetzen. Bereits ab Sommer 2003 nimmt er die Umstrukturierung in Angriff, und in weniger als einem Jahr sind fünf Abteilungen in Dornach zentralisiert. Ausserdem werden den Beschäftigten in Reconvilier rasch und ohne Absprache zahlreiche soziale Leistungen entzogen. Das sorgt umso mehr für Ärger, als die Beschlüsse der Direktion autoritär umgesetzt werden.

Ein lehrreicher erster Streik

Die Kader in Reconvilier stehen zuvorderst in der Schusslinie der Direktion. Die 38 Kaderleute von Reconvilier reagieren deshalb im Oktober 2004 auf die forcierte Konzentration der Entscheidungsstrukturen in Dornach. Sie richten sich direkt an den Verwaltungsratspräsidenten und prangern den Abbau ihres Betriebs an.

Die Swissmetal-Leitung beschliesst, den beim Aufstand federführenden Direktor des Standorts Reconvilier, André Willemin, wegen seines Widerstands gegen die Unternehmensstrategie fristlos zu entlassen. Seine Stelle wird von Henri Bols übernommen, dem Direktor des Standorts Dornach.

In Reconvilier herrscht grosse Unruhe. André Willemin gilt als letztes Bollwerk gegen die Direktion. Sein Abgang läutet den Widerstand ein gegen das, was als Zerschlagung von La Boillat erachtet wird. 400 Beschäftigte versammeln sich unverzüglich und beschliessen einstimmig, in einen uneingeschränkten und unbefristeten Streik zu treten. Eineinhalb Stunden nach der Information über die Kündigung von André Willemin steht die Fabrik am 16. November 2004 still.

Der Streik wird ohne Strategie oder Kampfplan ausgerufen. Die Personalkommission informiert im Nachhinein Fabienne Blanc-Kuhn, die Zentralsekretärin der Gewerkschaft SMUV (später Unia), die die Beschäftigten der La Boillat schon seit einiger Zeit bei Verhandlungen begleitet.

Mit Unterstützung der Gewerkschaftssekretärin verfasst die Personalkommission ein erstes Communiqué, das noch keine Forderungen enthält. Es begründet die Arbeitsniederlegung (man spricht nicht von Streik) «mit einer Reihe von unangemessenen Beschlüssen und ergebnislosen Verhandlungen über verschiedene Belange zwischen der Direktion der Gruppe und den Angestellten der Fabrik im Vallée de Tavannes». Die Aktion der Belegschaft ziele darauf ab, «den Fortbestand des Unternehmens zu sichern».

Die Direktion von Swissmetal nimmt ihrerseits Kenntnis von der «spontanen und vorübergehenden Arbeitsniederlegung» und signalisiert, dies sei eine «Verletzung des geltenden Gesamtarbeitsvertrages». Swissmem, die Dachorganisation der Metallindustrie, reagiert umgehend. Sie schickt eine Delegation nach Reconvilier, um Gespräche mit der Vertreterin von SMUV-Unia zu führen. Swissmem bezeichnet den Streik als illegal, weil er von der vertragsunterzeichnenden Gewerkschaft provoziert worden sei. Die Arbeitgeberorganisation muss sich belehren lassen, dass der Arbeitskampf spontan und allein von den Angestellten ausgelöst worden sei. Dies hindert Swissmem in der Folge jedoch nicht daran, die Gewerkschaftszentrale in einem Schreiben dazu aufzufordern, den Streik zu beenden da er gegen den «absoluten Arbeitsfrieden» verstosse.

Nach und nach organisieren sich die Streikenden. Zuerst regeln sie den Alltag in der Fabrik, die Verpflegung, die Gestaltung der Wartestunden und anderes mehr. Parallel dazu präzisiert die Belegschaft ihre Forderungen. In einer Mitteilung vom 18. November bezeichnet das Personal zum ersten Mal unzweideutig Martin Hellweg und seine Strategie als verantwortlich für die Krise.

Die Presse greift den Konflikt auf, der bald landesweit zum Thema wird. Die Region stellt sich schnell auf die Seite der Streikenden. Die Rechtfertigungsversuche der Swissmetal-Direktion, die die Industriestrategie darlegt, überzeugen nicht.

Eine aussergewöhnliche Unterstützungsbewegung für die Streikenden und ihre Familien entsteht im Vallée de Tavannes im Berner Jura und darüber hinaus. Die lokalen Geschäfte sammeln für die Streikenden, die Fabrik wird zum Theater, es gibt Solidaritätskonzerte und eine Riesenpaella am Familiensonntag. Die Direktion von Swissmetal qualifiziert dies später als «folkloristisches Fest».

Die Aufnahme von Verhandlungen gestaltet sich schwierig. An einem ersten Treffen am 19. November in Olten gibt es keinerlei Verständigung: Die Streikenden verlangen den Abzug des CEO, was der Verwaltungsrat kategorisch verweigert. Weitere Punkte werden ebenso erfolglos angeschnitten.

Angesichts der Sackgasse beschliessen die Parteien, sich am nächsten Tag wieder zu treffen, diesmal aber ohne öffentliche Ankündigung. Zurück in Olten, kommen die Delegierten zu einer Einigung, die jedoch von den Streikenden zurückgewiesen wird. Fabienne Blanc-Kuhn stellt

daraufhin fest, sie habe nunmehr kein Mandat mehr. Aufseiten der Streikenden klingt dies, also ob die Gewerkschaft ihre Unterstützung einstellen wolle. Tags darauf jedoch wird SMUV-Unia ein neues Verhandlungs-
mandat anvertraut.

In der Folge vereinbaren die Parteien, ein Mediationsverfahren ein-
zuleiten. Man einigt sich auf die Berner Ständerätin Elisabeth Zölch-
Balmer als Mediatorin. Unter ihrer Federführung zeichnet sich ein Abkommen ab, das am Mittwoch, den 24. November, unterzeichnet wird. Es
findet tags darauf die Zustimmung einer grossen Mehrheit der Angestellten. Am Nachmittag wird in La Boillat die Arbeit wieder aufgenommen.

Das Abkommen umfasst sechs Punkte: keine Repressalien, Beibehaltung des Standorts Reconvilier, Aufnahme von Lohnverhandlungen,
Ernennung eines Direktors für den Standort Reconvilier, eine Verstär-
kung des Personalbestands und eine angemessene Vertretung der beiden Standorte in der Swissmetal-Direktion.

Der Streik hat acht Tage gedauert und war in vielerlei Hinsicht lehrreich.
Die Personalvertreter haben gelernt, die täglichen Personalversammlungen und Streikaktivitäten anzuleiten und ebenso mit der Presse zu
kommunizieren. Für die Unia ist der Streik ein Prüfstein für die zur gleichen Zeit aus der Fusion von GBI und SMUV entstehende neue Gewerkschaft. Zentral- und RegionalsekretärInnen lösen sich abwechselnd ab,
um eine ständige Präsenz vor Ort zu garantieren.

Bei Swissmetal will man sich durch eine solche Bewegung nicht
mehr überraschen lassen. Die Direktion will deshalb einem neuen Streik
aus dem Weg gehen, solange sie nicht dafür vorbereitet ist. Aus dieser
Optik, und wahrscheinlich um Zeit zu gewinnen, beteiligt sich die
Swissmetal-Direktion aktiv an der Umsetzung des Abkommens. Sie verzichtet auf Sanktionen gegenüber den Streikenden und nimmt die Gespräche über Lohnerhöhungen auf. Diese werden tatsächlich ab Ende
Dezember 2004 angehoben, die tiefen Einkommen werden stärker angepasst. Zudem wird ein neuer Direktor für den Standort Reconvilier er-
nannt, wie es die Vereinbarung vorsieht.

Parallel dazu verfolgt die Swissmetal-Direktion weiterhin ihr nun als
Projekt «Sputnik» bezeichnetes Vorhaben, die Giesserei in Dornach zu
konzentrieren. Dass die Wahl auf Dornach fällt, lässt sich mit den vielen
Grenzgängern erklären, die nicht im gleichen Mass mit ihrer Fabrik verbunden sind; zudem war die Dornacher Belegschaft bis dahin auch
weniger «rebellisch».

Im Herbst 2005 drängt die Swissmetal-Direktion immer stärker auf die Restrukturierung. Im Oktober versammelt sie alle Kader auf der Rigi, präsentiert ihre Strategie und fordert Unterstützung ein. Laut der Direktion stimmen alle Kader zu. Allerdings tritt der Direktor von Reconvilier Mitte November von seinem Posten zurück und markiert damit sein Nichteinverständnis mit dem «Rigischwur». Erneut übernimmt Henri Bols, der Direktor von Dornach, die Leitung des Standorts Reconvilier.

Die zweite Arbeitsniederlegung

Am 20. Januar 2006 kündigt die Swissmetal-Direktion zur Umsetzung ihres Industriekonzepts die Aufhebung von 27 Arbeitsplätzen in Reconvilier an. Fünf Tage später beschliesst die Belegschaft mit sehr grosser Mehrheit, erneut zu streiken. Sie fordert die Einhaltung des Abkommens von 2004 und die Aufrechterhaltung der 27 vom Abbau bedrohten Stellen.

Die Unia delegiert zur Unterstützung der Streikenden erneut GewerkschaftssekretärInnen, die sich Tag und Nacht vor Ort ablösen. Die strategische Verantwortung wird den Geschäftsleitungsmitgliedern Renzo Ambrosetti und André Daguet übertragen.

Die Antwort der Swissmetal-Direktion auf den erneuten Streik lässt nicht lange auf sich warten, sie droht den Kaderleuten von Reconvilier mit der Entlassung, sollten sie nicht kooperieren. Ausserdem versucht sie, die Streikbewegung zu spalten, indem sie den Beschäftigten von Reconvilier anbietet, in Dornach zu arbeiten. Ein wirkungsloser Versuch. Die Arbeitnehmenden stehen geschlossen hinter ihren Vertretern, allen voran Nicolas Wuillemin, der als Sprecher den Arbeitskampf in der La Boillat wie kein Zweiter verkörpert. Als Präsident der Personalkommission und langjähriger Gewerkschafter ist er in der Fabrik eine respektierte Persönlichkeit. Bei beiden Streiks nimmt er an den Verhandlungen teil, organisiert die Generalversammlungen und steht gegenüber den Medien Rede und Antwort. Aus diesem Grund will sich die Direktion am 8. Februar mit einer fristlosen Entlassung seiner entledigen. Doch die Beschäftigten beschliessen, dass Nicolas Wuillemin sie weiterhin vertreten soll, auch wenn er nicht mehr Angestellter von Swissmetal ist. Gleichentags kündigt die Direktion die Streichung von 120 Stellen in Reconvilier an, und am 13. Februar entlässt sie 21 Kaderleute der La Boillat.

Die Bevölkerung ergreift erneut Partei für die Streikenden: 5000 Personen nehmen am 1. Februar an einer Kundgebung vor Ort teil, am

11. Februar sind es 10 000. Politiker von rechts und links engagieren sich für die Angestellten. Unterstützung kommt nun neu auch von Kunden und ehemaligen Kadern der La Boillat.

Swissmetal unternimmt einen ersten Versuch, um an das in der Fabrik von Reconvilier blockierte Lager von Waren und Edelmetallen heranzukommen. Lastwagen aus Dornach fahren vor, müssen aber unverrichteter Dinge abziehen, weil sie von den Streikenden aufgehalten werden. Die Direktion ergreift daraufhin rechtliche Schritte, die die Polizei zum Eingreifen ermächtigen, sollten die Streikenden das Verladen behindern. Doch auch der zweite Versuch scheitert, die Fahrzeuge werden diesmal von Einzelpersonen und Mitgliedern der Unia blockiert.

Die Swissmetal-Direktion versucht auch, die Trumpfkarte des Standorts Reconvilier zu untergraben: die Tatsache nämlich, dass die hochspezialisierten und kleinkalibrigen Produkte an keinem anderen Sitz der Gruppe hergestellt werden können. Um sich von der La Boillat unabhängig zu machen, kauft Swissmetal nur zwei Wochen nach Streikbeginn die deutsche Fabrik Busch-Jaeger, die den Konkurs von 2003 überlebt hatte.

Mit diesem Kauf und zahlreichen Entlassungen will Swissmetal den Streikenden klar signalisieren, dass sie nicht unersetzlich sind. Der Druck seitens der Direktion und die Kaskade von Sanktionen haben jedoch keine Wirkung auf die Entschlossenheit der ArbeitnehmerInnen, die an jeder Versammlung, bisweilen per Akklamation, die Fortsetzung des Streiks beschliessen. Dies veranlasst die Direktion mit der Zeit, in einen Mediationsprozess einzutreten, wie ihn die Streikenden und die Unia verlangen. Bundesrat Joseph Deiss, der damalige Wirtschaftsminister, ernennt als Mediator Rolf Bloch. Dem ehemaligen Direktor und Mitglied der Inhaberfamilie von Camille Bloch in Courtelary fällt die Aufgabe zu, einen Ausweg aus dem seit drei Wochen festgefahrenen Konflikt zu finden. Am 14. Februar akzeptiert die Belegschaft der La Boillat die Mediationsplattform und damit die Wiederaufnahme der Arbeit. Die Swissmetal-Direktion jedoch lehnt zunächst ab. Erst nach erneuten Verhandlungen stimmen beide Parteien eine Woche später, am 21. Februar, der Mediation zu.

Am folgenden Tag verlangen die Unia und die Belegschaft jedoch erst noch nähere Informationen über das Schicksal der 21 entlassenen Kaderleute, wodurch sich die Wiederaufnahme der Arbeit auf den folgenden Montag verzögert, bis Swissmetal von den Einzelheiten Kenntnis hat. Zeitgleich teilt die Unia den Streikenden mit, dass sie ihren Mitgliedern eine erste Streikentschädigung von 3000 Franken ausrichte, was 120 Franken pro Tag entspricht.

Am 23. Februar findet vormittags ein Treffen zwischen Rolf Bloch und Vertretern der Streikenden statt. Der Mediator stellt Letztere vor die Alternative: Entweder akzeptiert die Arbeitnehmerschaft die Mediation und beendet den Streik, oder er zieht sich zurück. Der Tag steht unter Hochspannung. Swissmetal hat erneut Lastwagen geschickt, um die Warenvorräte von Reconvilier zu holen. Anschliessend verbreitet sich das Gerücht, dass Ordnungskräfte bereitstünden, um zu intervenieren und in Reconvilier die Zufahrt für die Lastwagen aus Dornach zu räumen.

An der täglichen Versammlung, die am Nachmittag stattfindet, beantragt Nicolas Wuillemin, den Streik aufzuheben. Etwa hundert ArbeitnehmerInnen fehlen bei der Abstimmung, sie waren der Meinung, diese finde erst am Montag statt. Renzo Ambrosetti und André Daguet argumentieren ebenfalls für die Wiederaufnahme der Arbeit, damit die Mediation starten könne. Die Unia müsste sonst die Unterstützung überprüfen. Die Versammlung stimmt schliesslich ohne Enthusiasmus der Wiederaufnahme der Arbeit zu.

Am 1. März, nach 37 Tagen, nehmen die ArbeitnehmerInnen der La Boillat schliesslich die Produktion wieder auf. Weil die entlassenen Kaderleute fehlen und es Probleme mit der Informatik gibt, gestaltet sich die Inbetriebnahme des Produktionskreislaufs chaotisch. Es wird über eine Woche dauern, bis der Betrieb wieder rund läuft.

Das Ende des Streiks hinterlässt bei einigen ArbeitnehmerInnen einen bitteren Nachgeschmack, denn ihr Kampf hatte gerade einmal zum Beginn einer Mediation geführt. Um den Druck aufrechtzuerhalten, organisieren die vormals Streikenden und die Unia am 8. April eine Kundgebung im Bern. Zwischen 3000 und 5000 Personen versammeln sich auf dem Bundesplatz und bekunden ihre Unterstützung für die Streikenden. Die Mediation indessen wird am 27. Juni abrupt beendet, als Swissmetal einseitig einen Abbruch beschliesst.

Eine weitere Hoffnung keimt auf: die Übernahme der La Boillat durch einen neuen Investor. Die Direktion hatte diese Möglichkeit zunächst durchblicken lassen. Die Hoffnung zerbricht aber, als Swissmetal Konkurrenzklauseln zur Bedingung macht, die einen Kauf hintertreiben.

Der Niedergang von Swissmetal

Ab Juni 2006 ist für die Swissmetal-Direktion die Bahn frei, um ihren «Sputnik»-Plan umzusetzen. Am 23. März 2007 wird die Entlassung von weiteren 112 Personen wegen «Umsatzrückgangs infolge des Streiks» angekündigt. Der Widerstand ist diesmal definitiv gebrochen.

Zu guter Letzt strengt die Direktion eine Klage gegen die Unia an und fordert 10 Millionen Franken Schadenersatz für die während des Streiks erlittenen Verluste. Die Rechtssache ist völlig ungenügend fundiert und Swissmetal muss nach einem Jahr ihre Klage zurückziehen. Das *Bieler Tagblatt* schreibt, der Dilettantismus habe eine Abfuhr erlebt.

Obwohl die Swissmetal-Direktion nun frei operieren kann, verhindert sie den schrittweisen Niedergang der Gruppe nicht – bis hin zum Konkurs im Jahr 2012. Während der Nachlassstundung sind mehrere Konzerne an einer Übernahme interessiert. Schliesslich kauft eine chinesische Gruppe Swissmetal und führt die Produktion bis heute fort – wobei in Reconvilier noch etwas weniger als 100 Arbeitsplätze erhalten geblieben sind.

Trotz diesem traurigen Ausgang ist festzuhalten, dass die Angestellten von Reconvilier zwei besondere Streiks durchgeführt haben, bei denen es nicht darum ging, die Arbeitsbedingungen zu verbessern, sondern ihre Arbeitsplätze und ihre Fabrik zu erhalten. Es war ein Kampf um die Anerkennung ihres Know-hows und ihrer Würde. Diese ausserordentlichen Streiks waren die Antwort auf eine ab 2004 eingeleitete Strategie, deren Hauptziel es war, mittels Restrukturierungen Investoren anzulocken. Ist diese Strategie aufgegangen? Die Tatsache, dass Busch-Jaeger bald wieder verkauft werden musste, die vielen Probleme in der Niederlassung Dornach wie auch der Konkurs im Jahr 2012 deuten auf ein Nein hin. Entgegen der weitverbreiteten Meinung (auch im Verband Swissmem) hat sich Swissmetal einem Businessplan verschrieben, der schliesslich nicht nur für die ArbeitnehmerInnen und die Region, sondern auch für die Aktionäre und die Unternehmensgruppe selbst schädlich sein sollte.

Die Hauptleidtragenden dieser realitätsfremden Strategie waren die Streikenden der La Boillat, die trotz breiter Unterstützung vergeblich davor gewarnt hatten.

Karim Boukhris

Literatur

Noverraz, Pierre u. a., *Swissmetal Reconvilier: Quand «La Boillat» était en grève*, Lausanne 2005.

Chenaux, Jean-Philippe (Hg.), *La Paix du travail est-elle menacée?*, Lausanne 2007.

Beuchat, Alexandre, *L'impact des marchés financiers sur la gestion des entreprises suisses*. Lizentiatsarbeit, Universität Lausanne 2005.

Film

Künzi, Daniel, *La Boillat vivra!*, Genf 2007.

Betrieb	Schauspielhaus Zürich AG
Branche	Theater
Ort	Zürich
Anzahl Streikende	120 Personen
Grund	Lohnreglement
Zeitpunkt und Dauer	25.–28. Januar 2006 (4 Tage)

Geld ist nicht alles

«Glauben Sie wirklich, wir seien von der Gewerkschaft auf- gehetzt und verführt?»

Der Zürcher Stadtpräsident («Stapi») Elmar Ledergerber konnte sich im Sommer 2005 einfach nicht mehr daran erinnern, dass er ein paar Monate zuvor als Verwaltungsrat des Schauspielhauses das neue Lohnreglement «positiv zur Kenntnis genommen» hatte. Vertreterinnen und Vertreter des Technischen Personals und der Unia hatten es im Jahr zuvor zusammen mit Andreas Spillmann, dem damaligen kaufmännischen Direktor und interimistischen Leiter des Hauses, ausgearbeitet. Jahrelang hatten die Beschäftigten nicht auf vertraglich zugesicherten Lohnerhöhungen bestanden und Neuanstellungen unter schlechteren Bedingungen hingenommen. Das war ihr Beitrag zur Lösung einer jahrelangen Finanzkrise am Schauspielhaus. Als diese überstanden war, sollte das neue Reglement endlich wieder alle Angestellten gerecht einstufen und die Lohndifferenzen zwischen Männern und Frauen beseitigen. Doch als es im Februar 2005 in Kraft treten sollte, sagte Ledergerber plötzlich Nein.

Auf die Saison 2005 hatte nämlich Matthias Hartmann die Leitung des Schauspielhauses übernommen, Ledergerbers Wunschkandidat. In ihm als einen der jungen Stars unter den deutschsprachigen Theatermachern setzte man die Hoffnung, dass er mit seinem gehobenen Boulevard wieder für mehr zahlendes Publikum im Theater sorgen werde. Obgleich hinlänglich bekannt war, dass er Zürich lediglich als Zwischenstation auf seinem Weg zum Wiener Burgtheater begriff, wurde seine Forderung nach mehr finanziellen Mitteln für «die Kunst» statt für «die Technik» sogleich erfüllt. Das neue Lohnreglement war damit wieder vom Tisch.

«Jetzt müssen wir Wege finden, um auf uns aufmerksam zu machen», erklärte Maskenbildnerin Judith Janser Ruckstuhl Anfang September 2005 gegenüber der Unia-Zeitung *work*. Und ihr Kollege, der Maschinist Etienne Porret, meinte: «Beim neuen Reglement geht es nicht um mehr Lohn, sondern um mehr Gerechtigkeit. Als Gewerkschafter sind wir da schon lange gefordert.» Doch Hartmann und der neue kaufmännische Direktor Marc Baumann hatten kein Gehör für den Ärger der 150 Beschäftigten, die zu zwei Dritteln bei der Unia organisiert waren – aber eben «nur» Techniker und Handwerker waren. Hartmann habe in den Kategorien «Künstler und Diener» gedacht, sagt Porret. Und der damalige Zürcher Unia-Leiter Roman Burger erinnert sich gut daran, dass Hartmann ihnen schon zur Begrüssung erklärt habe, sie verdienten zu viel. Angesichts solcher Vorgaben waren die Nachverhandlungen zum Scheitern verurteilt. Daraufhin setzten Stadtrat und Theaterleitung ein-

seitig das städtische Lohnreglement in Kraft. Damit, so glaubte der
Sozialdemokrat Ledergerber, herrsche endlich das Prinzip «gleicher
Lohn für gleiche Arbeit». Die verwöhnten Theaterleute bekämen nicht
mehr als andere städtische Bedienstete und sie hätten dabei immer noch
höhere Löhne als vergleichbare Handwerker in der Privatwirtschaft.

Einen nachvollziehbaren Beleg dieses Lohnvergleichs zu präsentieren, hielt der Stapi während der ganzen Auseinandersetzung nicht für
nötig. Die zumeist hochspezialisiert arbeitenden Theaterleute konnten
jedoch mit Vergleichszahlen belegen, dass sie keineswegs mehr verdienten als ihre Berufskolleginnen und -kollegen auf dem freien Markt. Län-
gerfristig hätten sie sogar mit erheblichen Einbussen gegenüber dem,
was längst vertraglich vereinbart war, rechnen müssen. Sie nannten
Ledergerbers Diktat deshalb «einen kalten Lohnabbau».

«Anständige Behandlung»

Dabei war das Geld nicht mal entscheidend. «Es geht in erster Linie um
eine anständige Behandlung», sagte Theatermaler Thomas Unseld. Als
Personalvertreter im Verwaltungsrat der Schauspielhaus AG trat er noch
im Januar 2006 zurück. Er sah keine Möglichkeit mehr, «in diesem Kreis»
den Anliegen des Personals Gehör zu verschaffen.

Unselds Ansage war klar. Doch Intendant Hartmann wollte oder
konnte sie nicht verstehen. Der Mann mit einem Jahreseinkommen von
rund einer halben Million Franken warf der Belegschaft «Unverhältnis-
mässigkeit» bei ihrer Lohnforderung vor – und machte für die schlechte
Stimmung im Hause allein den «hetzerischen Ton» der Unia verantwortlich, die das Personal manipuliere, um sich selbst zu profilieren.

Das ging selbst der *NZZ am Sonntag* zu weit. Sie schrieb: «Das Personal ist keine Horde unmündiger Kinder, die sich von der Unia blind
instrumentalisieren lässt.» Was allerdings nicht bedeutete, dass das
Blatt Verständnis für deren Sache gehabt hätte. Die Zürcher Medien stör-
ten sich zwar am Verhalten Hartmanns, der bei seinen Auftritten («Ich
bin 1,93 Meter gross, spreche hochdeutsch und drücke mich klar aus»)
alle Vorurteile gegenüber einem Deutschen bestätigte. Aber «die Öffentlichkeit» habe kein Verständnis für überrissene Lohnforderungen in
einer hochsubventionierten Institution. «Es war medial das härteste
Umfeld, das ich bisher bei Streiks erlebt habe», beschreibt Roman Burger
heute die damalige Situation.

«Leider ging es nicht anders»

Denn zum Streik kam es. «Leider ging es nicht anders. Sie haben uns so in die Enge getrieben, dass uns nichts anderes mehr übrig blieb», sagt Maschinist Porret heute in der Rückschau. Am 25. Januar 2006 legten etwa 120 Technikerinnen und Techniker der beiden Spielstätten des Schauspielhauses die Arbeit nieder, zunächst nur als Warnung und für einen Tag. Schon das sei «extrem belastend» gewesen, so Porret. «Viele von uns hatten Existenzangst.»

Aussenstehende spürten das nicht unbedingt, als sie an diesem Mittwochmorgen in den Schiffbau kamen, der zum Streiklokal umfunktioniert worden war. So aufgeladen die Atmosphäre, so selbstbewusst der Eindruck, den die etwa 120 anwesenden Technikerinnen und Techniker vermittelten. Schliesslich waren ihre Forderungen weitgehend Selbstverständlichkeiten im Berufsleben: Respekt für geleistete Arbeit, Transparenz des Lohnsystems, Verbindlichkeit von Abmachungen.

Was Hartmann von der Arbeit seiner Techniker hielt, ohne die seine Kunst nicht stattfindet, demonstrierte er gleichentags. Bei der am Abend angesetzten und jetzt vom Streik bedrohten Aufführung von Shakespeares *Romeo und Julia* wolle er «notfalls die Kulissen selbst schieben», liess er verlauten. So einfach stellte er sich die Technik nach mehr als zwanzig Jahren als Regisseur vor. Doch als Bühnenarbeiter scheiterten er und seine Gefolgsleute kläglich, schon nachmittags mussten sie die Vorstellung absagen.

«Glauben Sie wirklich, wir seien von der Gewerkschaft aufgehetzt und verführt?» Die Frage eines der Streikenden an die anwesenden Journalistinnen und Journalisten im Schiffbau blieb unbeantwortet. Aber immerhin war die Behauptung, die Unia habe die Streikenden manipuliert und instrumentalisiert, in den folgenden Tagen nicht mehr in allen Artikeln zu lesen. Um so heftiger verteidigten Theaterleitung und Stadtpräsidium diese ihre Version des Konflikts. Sie warfen Gewerkschaft und Angestellten vor, die Friedenspflicht verletzt zu haben, und drohten «der Form halber» mit fristloser Kündigung und Schadenersatzforderungen. Die Reaktion der so Bedrohten: Sie wandelten ihren Warnstreik in einen unbefristeten Streik um. Theatermaler Unseld erklärte: «Wir machen so lange weiter, bis man uns entgegenkommt.»

Drei Tage Streik

Es dauerte drei Streiktage und einen weiteren Inszenierungsversuch ohne Kostüme, Kulisse und bei Saalbeleuchtung, bis die kaufmännische Leitung von Beschimpfung auf Angebot umschaltete. Am vierten Tag einigten sich die Streitparteien unter Führung von Ledergeber einerseits, Unia-Co-Präsident Vasco Pedrina andererseits auf Eckwerte eines neuen Lohnsystems. Der Kompromiss versprach den Theaterleuten die individuelle Einstufung in der Lohntabelle, Besitzstandswahrung und Regelungen zu Lohnerhöhungen nach bestimmten Berufsjahren sowie zur Entschädigung jahrelang vorenthaltener Lohnstufenanstiege. Noch am selben Tag nahm die Streikversammlung das Ergebnis an und beendete den Ausstand.

Stapi Ledergerber musste trotzdem noch einmal nachtreten: Die Techniker hätten vier Tage gestreikt, «nicht für ein Butterbrot, sondern für etwas mehr Konfitüre darauf».

Drei Monate später erzielten Personal, Unia und die kaufmännische Leitung eine Einigung zur Überführung der Angestellten ins neue Lohnsystem. 500 Franken mehr flossen nun auf das Konto von Maskenbildnerin Janser. Eine ihrer Kolleginnen bekam sogar 800 Franken mehr. «Jetzt sind wir Frauen einmal die Gewinnerinnen», kommentierte Janser.

Nach Beendigung des Streiks kündigte das Theater postwendend den Gesamtarbeitsvertrag mit der Unia. In den Neuverhandlungen wollte Baumann das mühsam ausgehandelte Lohnsystem nur noch als «Empfehlung» verstanden wissen, er forderte zudem die absolute Friedenspflicht, flexiblere Arbeitzeiten und eine Einschränkung von Personalversammlungen. Er gab erst nach, als das Personal sich auf einen neuen Streik vorbereitete.

Baumanns Unterzeichnung des neuen GAV am 30. November 2006 mit dem unveränderten Lohnsystem, aber ohne absolute Friedenspflicht führte zum Bruch mit Intendant Hartmann, der Baumann öffentlich Rückgratlosigkeit gegenüber der Unia vorwarf. Der kaufmännische Direktor trat daraufhin zurück.

Hartmann selbst verliess «den Intrigantensumpf Zürich» im Juni 2009 und wechselte nach Wien. Dort erwirtschaftete er bis Anfang 2014 ein Millionendefizit. Nach einem Misstrauensvotum des Ensembles setzte ihn der österreichische Kulturminister Josef Ostermayer vor die Tür.

Michael Stötzel

Betrieb	Werkstätte SBB Cargo (Officine)
Branche	Revision Güterwagen und Lokomotiven
Ort	Bellinzona (TI)
Anzahl Streikende	circa 430 Personen
Grund	Restrukturierung und schrittweiser Abbau
Zeitpunkt und Dauer	7. März–8. April 2008 (33 Tage)

Officine

Hände weg!

«Giù le mani
dalle Officine!»

«Giù le mani dalle Officine!» lautete 2008 der Aufschrei der Arbeiter in Bellinzona – in Anlehnung an den Slogan, der in den 1970er-Jahren im Kampf um die Industriewerkstätte Biasca geprägt worden war. Während eines ganzen Monats wurde die Losung zum Symbol für einen starken sozialen Zusammenhalt der Arbeiter. Die «Officine» genannten Werkstätten der Schweizerischen Bundesbahnen wurden als Gemeingut betrachtet. Die ganze Region unterstützte die 430 Beschäftigten, die sich gegen die Restrukturierungs- und Abbaupläne der SBB-Direktion wehrten.

Im Jahr 2000 waren die SBB durch das neue Eisenbahngesetz vom staatlichen Regiebetrieb in eine öffentlich-rechtliche Aktiengesellschaft umgewandelt worden, um sie in Richtung einer Privatisierung zu öffnen und die Konkurrenzfähigkeit in einem liberalisierten europäischen und schweizerischen Markt zu fördern. Zudem wurden die SBB «divisionalisiert», das heisst in drei Sektoren unterteilt: «Infrastruktur», «Personenverkehr» und «Güterverkehr» (SBB Cargo). Der letztgenannte Sektor – dem die Werkstätten in Bellinzona direkt angehörten – war am härtesten betroffen, weil er ohne angemessene Investitionen dem liberalisierten Markt zugeführt wurde.[1] Wie in ähnlichen Fällen wurden mit den Neuerungen auch neue Arbeitsmanagementprozesse (z. B. das Modell Kaizen) und neue Managementmethoden für leitende Kaderleute eingeführt.

Da und dort stiessen diese Veränderungen auf Widerstand, je nach Region, nach Art der Arbeit in den verschiedenen SBB-Betrieben sowie nach der Gewerkschaftskultur der Beschäftigten. Es sei daran erinnert, dass die Angestellten der Bahn als Schlüsselelement der Transportnetze in den sozialen und politischen Bewegungen der Schweiz immer eine wichtige Rolle spielten – man denke nur an den Generalstreik von 1918.[2] Die Eisenbahner der italienischen Schweiz und die Ende des 19. Jahrhunderts gegründete Industriewerkstätte Bellinzona bilden keine Ausnahme, sie blicken auf eine lange Geschichte der gewerkschaftlichen Militanz während des ganzen 20. Jahrhunderts zurück.

Ein langer Erfahrungsprozess

Dem Streik von 2008 ging ein langwieriger Kampf gegen den Abbau der SBB-Werkstätten voraus. Einige der Protagonisten des Streiks waren schon seit Längerem in den Personalkommissionen und in den Gewerkschaften Unia und SEV aktiv; sie hatten am eigenen Leib fünfzehn Jahre Restrukturierung erlebt und die Spirale des Abbaus von Diensten und Arbeitsplätzen (Verlust von 200 Stellen zwischen 1988 und dem Streik) durchgemacht. Diese Arbeiter bildeten den harten Kern, waren das geschichtliche Gedächtnis der Ereignisse. Aus diesem Kern wurde das Streikkomitee gebildet.Die lange gewerkschaftliche Erfahrung Einzelner führte auch dazu, dass viele andere Arbeiter im Vorfeld des Konflikts von der Gewerkschaft des Transportpersonals (SEV) in die als kämpferischer geltende Gewerkschaft Unia übertraten. Die erfahrenen Arbeiter konnten auch später in den Verhandlungen mit gründlichen Kenntnissen über die Officine aufwarten, Kenntnisse, die den neuen Managern ganz klar fehlten.

Am Freitag, den 7. März 2008, kündigten die SBB an, dass in Bellinzona 126 Stellen gestrichen, die Wartung der Güterwagen externalisiert (Privatisierung) und der Unterhalt der Lokomotiven verlagert werden sollen: Die Umsetzung dieser Massnahmen hätte die Schliessung der Officine besiegelt. Mit einer einzigen Gegenstimme beschliesst die Personalversammlung umgehend, die Arbeit einzustellen und den Betrieb zu besetzen. Diese demokratisch beschlossene Kampfmassnahme findet schnelle eine breite Zustimmung in der Bevölkerung. An zwei Gross-

kundgebungen in der Kantonshauptstadt nehmen jeweils rund 10 000 Personen teil (in einer Region mit etwa 340 000 Einwohnern). Eine Geldsammlung zur Unterstützung des Kampfes erreicht dank vielen öffentlichen und privaten Spenden 1,5 Millionen Franken. Im Tessin, aber auch in der übrigen Schweiz finden zahlreiche Solidaritätskundgebungen statt. Die Nutzung von Internet und SMS erlaubt eine flächendeckende Information und eine rasche Mobilisierung.

Die «Pittureria», eines der von der Belegschaft besetzten Ateliers, wird zum Versammlungsort der Arbeiter und später auch zum Treffpunkt für die ganze Bevölkerung. Im Raum, der zu Mensa und Bar umgestaltet ist, finden während des Streikmonats Theateraufführungen, Ausstellungen, Konzerte und Debatten statt. An den Wänden des Ateliers hängen 126 Overalls: Für die Organisatoren sind sie Sinnbild sowohl der ersten gefährdeten Arbeitsplätze als auch des Zusatznutzens der Officine, die – einzigartig in der Region – etwa siebzig Lehrlinge zu Fachkräften ausbilden und eine Gruppe von Behinderten für die Reinigung und die Bereitstellung der Arbeitskleidung beschäftigen.

Streik mit breiter Unterstützung der Bevölkerung

Drei Faktoren erklären die starke Unterstützung, die die Streikenden in dieser Zeit erfahren: Erstens sind die Officine in der Region stark verwurzelt. Ein grosser Teil der Personen im Tessin und im Misox haben ein Familienmitglied oder Bekannte, die bei der Bahn arbeiten. Zweitens hat die italienische Schweiz als Rand- und Grenzregion traditionell ein zwiespältiges Verhältnis zur Zentralregierung in Bern und zum Bundesrat, der an der Spitze der SBB steht. Dazu kommt, dass die Führungskräfte bei der Bahn und in den Officine Deutschschweizer sind. Und schliesslich reagiert die Bevölkerung auf den als unlogisch beurteilten Abbau: Geschlossen werden soll eine Werkstätte von allgemein anerkannter Produktivität und Kompetenz, während gleichzeitig die Neue Eisenbahn-Alpentransversale (NEAT) und insbesondere die AlpTransit gebaut werden, die für die Region von erheblicher Bedeutung ist und für die es genau ein solches Fachwissen braucht.

Die Unterstützung zog sich durch alle gesellschaftlichen Gruppen und Parteien, der gemeinsame Bezugspunkt lag in der Identität begründet. Die Verteidigung regionaler Interessen, der helvetische Föderalismus, die Rolle der öffentlichen Dienste, die Macht der Manager – das waren die meistdiskutierten Themen in den unzähligen Berichterstattungen der Medien, in den Diskussionen während des Streikmonats wie auch im anschliessenden Rechtsstreit. Sicherlich, es gab auch Kritik an der Politik des Abbaus staatlicher Dienstleistungen oder Überlegungen zum Respekt gegenüber den Arbeitern, doch mit diesen Themen befasste sich neben dem Streikkomitee nur ein kleiner Teil der Unterstützer, wie die schüchterne Reaktion seitens fortschrittlicher Kräfte im Rest des Landes zeigte.[3]

Der Streik dauert 33 Tage. Am 7. April «ist der Gerechtigkeit Genüge getan», erklärt der Sprecher der Belegschaft, Gianni Frizzo. Die Kampfmassnahmen werden ausgesetzt, denn es ist durch die Vermittlung eines Mediators gelungen, die SBB, den Bund, den Kanton und die Gewerkschaften zu Verhandlungen über die Aufrechterhaltung der Officine an einem «runden Tisch» zu verpflichten. Am 9. April wird die Arbeit wieder aufgenommen. Das Streikkomitee wird bestätigt. Es bereitet zusammen mit einer Gruppe von Ökonomen, die von Anfang an unterstützend dabei waren, die Verhandlungen vor. Am 28. November 2008 wird ein erster wichtiger Erfolg erzielt. Die von einem neuen Direktor geleitete SBB-Werkstätte kann, wie

gefordert, neu auch Kunden ausserhalb der SBB bedienen. Gleichzeitig werden alle drei Divisionen der SBB bis 2013 als Kunden der Officine bestätigt. Schliesslich erklärt sich die Generaldirektion zu Gesprächen über das Projekt für ein Technologiezentrum bereit. Tatsächlich hatte das Streikkomitee im Hinblick auf eine langfristige Rettung der Officine zusammen mit der Fachhochschule der Italienischen Schweiz (SUPSI) ein Projekt für ein Industriezentrum entwickelt. Dieses wurde auch als Volksinitiative formuliert und eingereicht.

Der Streik wirkte auch in anderer Hinsicht fort. Internationale Zeitungen (*El País, Corriere della Sera, Il Manifesto*) griffen das Thema auf, und aufgrund ähnlicher Gegebenheiten knüpfte man Kontakte im Ausland, zum Beispiel mit Eisenbahnarbeitern (in Frankreich und Deutschland) oder mit anderen Berufsgruppen, namentlich mit den Beschäftigten der INSSE, der früheren Innocenti Milano, die während Monaten ihre Fabrik besetzt hatten. Und auch mit den Arbeitern der Swissmetal La Boillat in Reconvilier, deren Streik 2006 nach 36 Tagen mit einer Niederlage endete. Das Streikkomitee von Bellinzona wurde in den ersten zwei Jahren in viele Städte eingeladen, um über seine Erfahrungen zu berichten (u. a. Lausanne, Basel, Marseille, Mailand, Florenz), und zeigte dabei auch den Dokumentarfilm von Danilo Catti *Giù le mani!* (2008)[4]. Schliesslich organisierten sich die Frauen und Partnerinnen der Arbeiter in einer Kultur- und Mobilisierungsgruppe (Officina Donna. L'altra metà della resistenza[5]), die einige Jahre lang aktiv war.

Im Juni 2009 genehmigt die Arbeiterversammlung den Rechenschaftsbericht des Streikkomitees und beschliesst, mit dem übrig gebliebenen Geld der Streikkasse einen Verein zu gründen, den Verein «Giù le mani». Sein Zweck ist der Erhalt und Ausbau der Officine (Beschäftigung, Struktur, Arbeitsbedingungen, technologischer Fortschritt und Unterstützung der Bewegung gegen die Gründung eines Profitcenters) und die Förderung von demokratischen und pluralistischen gewerkschaftlichen Praktiken und Reflexionen für den Aufbau einer solidarischen Gesellschaft.[6] Im selben Jahr kommt es innerhalb der Unia zu einer harten internen Auseinandersetzung, in die auch Mitglieder des Streikkomitees verwickelt sind. Der Vorfall zeigt, welche Schwierigkeiten sich bezüglich der Verständigung über gewerkschaftliche Praktiken ergeben können, und macht deutlich, dass die ständige Reflexion über demokratische und pluralistische Aspekte der Praktiken notwendig ist; auch ist die Versuchung gross – gerade in solchen Momenten –, den Streik politisch zu vereinnahmen, was zwar legitim, aber gefährlich sein kann.

Das Wort gehört den Protagonisten

Die Perspektive der am Streik Beteiligten wurde in insgesamt 70 Interviews festgehalten. Anhand der Gespräche, die nicht nur den Streik, sondern insgesamt die Arbeit – und den damit verbundenen Stolz – in den Officine rekapitulierten, liess sich nachverfolgen, wie sich im Verlauf der Jahre verschiedene Spannungen aufgebaut hatten, die schliesslich zum Streik führten. Die Befragten beschrieben die «Salamitaktik» der SBB-Führung, die neue Managementinstrumente einführte, die Arbeitsbedingungen im Betrieb veränderte und Qualitätsprobleme heraufbeschwor. Im Zentrum jeder Schilderung der Interviewten stand die eigene Arbeit – und die Frustrationen, die mit den Reorganisationsmassnahmen einhergingen. Bezeichnend ist die Erinnerung an die «Berater mit der Stoppuhr», die von der Direktion beauftragt waren, die Arbeitsprozesse zu rationalisieren. Rund um die Zeitkontrolle entstand ein Konflikt, von dem die Arbeiter stark betroffen waren, noch bevor das Problem thematisiert und Gegenstand von Verhandlungen mit den Gewerkschaften wurde; Bestrebungen zu Boykott und Widerstand schienen seit Langem zu bestehen.

Die Deregulierung der Arbeit machte sich stark bemerkbar, besonders mit dem Wendepunkt Anfang der 2000er-Jahre: Die Beschäftigung von Leiharbeitnehmern wurde in hohem Mass als Verlust von Kompetenzen und beruflicher Motivation empfunden – ein organisatorischer Widersinn, auf flüchtigen Einsparungen beruhend und typisch für eine kurzfristige Unternehmensvision, die nicht der Kultur des ehemaligen Regiebetriebs des Bundes entsprach.

Im Nachhinein wurde das Engagement der Gewerkschaften für den Erhalt der Arbeitsbedingungen als ungenügend gewertet: zu stark konsensorientiert, unfähig, Mitwirkung unter den Mitgliedern aufzubauen und den Restrukturierungen entgegenzutreten, von denen die Belegschaft ab Ende der 1990er-Jahre hart getroffen wurde – eine Sichtweise, die sicherlich durch die Teilnahme am Streik beeinflusst ist. Die gleichen Arbeiter erzählten, sie seien vor dem Streik weit entfernt gewesen von jeglichem Engagement, das über die Zahlung des Gewerkschaftsbeitrags hinausging. Dies obschon alle gemerkt hätten, dass sich die Situation in den Officine verschlechterte.

Die Überlegungen zur unterschiedlichen Haltung vor und nach dem Streik markiert in jedem der Interviews einen wichtigen Moment, anhand dessen es möglich wird, die – in gewissen Fällen aussergewöhnliche – Entwicklung zu erfassen, die der Einzelne durchgemacht hat:

vom Moment der Erkenntnis bis zur Teilnahme an der kollektiven Mobilisierung. Die Interviews zeichnen das Bild des Streiks als eine «aussergewöhnliche Zeit»; die Arbeiter nahmen die Fabrik nach dem Streik trotz der Rückkehr zur Normalität als verändert wahr, dasselbe galt auch für die Beziehungen untereinander.

Wann endet ein Streik?

Die Zeit nach dem Streik demonstriert die Entschlossenheit der Arbeiter, die Kontrolle zu behalten: Weder will man die Officine in die Hände von Managern geben, die nicht vertrauenswürdig sind, noch will man das eigene Schicksal ganz an die Gewerkschaften delegieren. So entschliesst man sich für eine aktive und proaktive Kontrolle der Situation, mit gewerkschaftlicher Unterstützung. Das Streikkomitee wird um die Vertreter der Gewerkschaften (Unia, SEV, Transfair) zur Personalkommission (PeKo) erweitert. Am 16. November 2011 unterzeichnet der vom ehemaligen Urner Nationalrat Franz Steinegger seit 2008 moderierte runde Tisch ein Abkommen zwischen den SBB und den Personalvertretern zur Fortsetzung der institutionellen Treffen. Diese sollen im Rahmen einer neu geschaffenen Verhandlungsplattform stattfinden, die im Juli 2014 formalisiert wurde und bis Ende 2018 aktiv sein soll.

2013 wird, unterstützt vom Verein «Giù le mani», eine Studie der Mitarbeiter der SUPSI über die Machbarkeit eines Kompetenzzentrums für Verkehr und Mobilität bei den Werkstätten von Bellinzona publiziert. Der Vision eines auf den Officine aufbauenden starken Kompetenzzentrums stehen andere, sehr vage Vorschläge der SBB gegenüber, die teils auch von der Tessiner Regierung unterstützt werden.

Seither ist keine Verbesserung bei den Arbeitsbedingungen der SBB-Angestellten auszumachen: Die Erneuerung des Gesamtarbeitsvertrags (GAV) für die Beschäftigten der SBB bietet Konfliktstoff und führt eher zu einer Aushöhlung des Vertrags. Im Februar 2014 ratifizieren der Staatsrat des Kantons Tessin und die SBB ein Abkommen über das Kompetenzzentrum im Verkehrssektor (CDC), das auch vom Verein «Giù le mani» unterzeichnet wird. Das Zentrum nimmt im September 2015 offiziell seine Arbeit auf und ernennt seinen Direktor. Gianni Frizzo spricht mit einer Metapher aus dem Fussball von der x-ten Verlängerung eines Spiels, das 2008 begonnen hat und dessen wichtigster Streitgegenstand die Bewahrung des Arbeitsvolumens der Werkstätten ist.

Ein Spiel, das offensichtlich nicht enden kann. Das Kompetenzzentrum ist inzwischen Realität geworden. In den letzten Jahren haben die SBB aber bezüglich der Produktionsvolumen eine ambivalente, wenn nicht gar zweifelhafte Haltung eingenommen. Die PeKo und der Verein «Giù le mani» reden wiederholt und unverblümt von einem programmierten Abbau und fehlender Transparenz bezüglich des Abkommens. Darin ist die Beibehaltung des Arbeitsvolumens in der Grössenordnung von 2013 festgehalten, Stabilisierungsmassnahmen für eine nachhaltige Entwicklung der Officine, die Erhaltung der Produktionsräume auf dem aktuellen Gelände und die Unterstützung der SBB für das Kompetenzzentrum in Form von Projektmandaten. Aber die Umsetzung ist widersprüchlich. Im April 2016 fordert deshalb eine von 8000 Personen unterzeichnete Petition die SBB zur Einhaltung der Vereinbarungen auf.

Gleichzeitig gehen viele der aktiven Streikteilnehmer nach und nach in Pension, die Weitergabe der Erfahrungen aus dem Streik und der gewerkschaftlichen Kompetenzen an die jüngere Belegschaft ist gefährdet. Die vom Streikkomitee lancierte kantonale Volksinitiative für die Schaffung eines technologisch-industriellen Zentrums für den öffentlichen Verkehr, die am 31. März 2008 mit 15 000 Unterschriften bei der Staatskanzlei eingereicht wurde, bleibt hängig. Eine Reaktivierung wird in Erwägung gezogen, da das Kompetenzzentrum, auch wegen fehlendem Engagement der SBB, nicht den ursprünglichen Absichten entspricht.

Wann beginnt und wann endet ein Streik? Aufgrund der Erfahrungen der Officine von Bellinzona könnte man sagen, dass sich ein Streik langsam aufbaut und dass ein erfolgreicher Streik, rückblickend betrachtet, nicht enden kann, weil er die Grundfesten der vorherrschenden Sichtweise von Arbeit und Arbeitsorganisation untergräbt.

Geschichtsprojekt

Der Streik gehört zu den eindringlichsten und medienwirksamsten Formen des Arbeitskonflikts. Der Streik wirkt lange in der Zeit nach, er geht über den Moment der Arbeitseinstellung oder Arbeitsveränderung hinaus. Befasst man sich mit dem, was im Vorfeld und im Nachgang eines Streiks passiert, kann man die tieferen Gründe erfassen und die tatsächlichen Ergebnisse beurteilen. Von einem Streik bleibt allerdings häufig wenig übrig, ein paar Zeitungsausschnitte, da und dort ein Dokument, und manchmal bruchstückhafte individuelle Berichterstattungen.

Vor diesem Hintergrund haben die Historiker der Fondazione Pellegrini-Canevascini im Herbst 2008 begonnen, Dokumente, Papiere und audiovisuelles Material vom Streik in den SBB-Werkstätten in Bellinzona zu sammeln und zu katalogisieren.

Dank dieses partizipativen Geschichtsprojekts war es möglich, einzigartiges Material für die Geschichtsschreibung des Streiks in der Schweiz zu sammeln. Hinzu kamen vierhundert Stunden Filmaufnahmen von Danilo Catti. Und schliesslich eine Sammlung von siebzig Interviews mit Beteiligten des Streiks in Ton und Bild.[7] Innerhalb kurzer Zeit wurden auch diverse Bücher und Dokumentarfilme produziert.

Das Archivmaterial und die Schriften bilden die Grundlage für diesen Text.

Nelly Valsangiacomo

1 Für ein Gesamtbild der Umstrukturierungen bei den SBB siehe: Marazzi, Christian / Greppi, Spartaco, «Le mani sulle Officine. Le mani sul bene comune», in: Gabriele Rossi u. a.: *Giù le mani dalle Officine,* Bellinzona 2008, S. 149–156.

2 Über die Rolle der Eisenbahner in den Streiks siehe: Heimberg, Charles, «‹Giù le mani dall'Officina!› e poi?», in: *Lo sciopero all'Officina FFS Cargo di Bellinzona. Una vicenda di dimensione nazionale,* Bellinzona 2008, S. 264.

3 Der Streik wurde in der übrigen Schweiz stark als lokale Tessiner Besonderheit verstanden. Siehe: Kälin, Urs, *Lo sciopero dell'Officina visto dalla Svizzera tedesca,* Bellinzona 2008, S. 257–261.

4 Auf diesen Dokumentarfilm folgte im Jahre 2011 ein weiterer Film von Catti, Danilo, *1 due 100 officine.*

5 Lepori Sergi, Angelica / Testa Mader, Anita, «Officina Donna: L'altra metà della resistenza», in: Valsangiacomo, Nelly / Mariani Arcobello, Francesca (Hg.), *Altre culture. Ricerche, proposte, testimonianze,* Quaderni di storia del movimento operaio, 16, Bellinzona 2011.

6 Siehe: Barchi, Pierfelice / Martinelli, Pietro / Marazzi, Christian, «Rapporto morale sull'attività del Comitato ‹Giù le mani dalle Officine›», 30.9.2009.

7 Diese Interviews waren im Jahr 2013 Basis für eine Ausstellung im Staatsarchiv Bellinzona.

Unternehmen	Spar	
Branche	Detailhandel	
Ort	Heimberg (BE)	Dättwil/Baden (AG)
Anzahl Streikende	21 Personen	10 Personen
Grund	tiefe Löhne und Personalmangel	
Zeitpunkt und Dauer	30. April–1. Mai 2009 (2 Tage)	3.–14. Juni 2013 (11 Tage)

Spar

Zwei unabwend-bare Streiks

«Wir streiken, weil Spar auf dem Rücken der Angestellten spart und das Gesetz nicht einhält.»

Wer auf der A6 von und nach Interlaken fährt, gelangt unweigerlich an die Tamoil-Tankstelle in Heimberg mit ihrem Spar-Supermarkt. An diesem wenige Kilometer von Thun entfernten Ort, den man zum Benzin Tanken oder für Einkäufe aufsucht, ist ein Kapitel gewerkschaftlicher Geschichte geschrieben worden.

Alles beginnt im August 2008. Die Pam (Produits Alimentaires SA) verkauft das Geschäft an Spar, die viele ähnliche Läden betreibt. Die neuen Eigentümer stellen 22 Angestellte ein, davon viele Teilzeitbeschäftigte. Ein Jahr zuvor waren es noch 32 gewesen. An der Arbeitsquantität hat sich nichts geändert. Aber Klagen der Angestellten nehmen zu. Seit Monaten häufen sich die Überstunden. Doch die Direktion reagiert nicht. Im Frühling herrscht eine höchst angespannte Stimmung. Elsbeth Rufener, Mutter von zwei Kindern und bei ihren Kolleginnen wegen ihrer Ruhe und Besonnenheit geschätzt, beschliesst nun, bei der Unia Thun um Rat zu fragen.

Der Detailhandel, in dem vor allem Frauen mit tiefen Löhnen beschäftigt sind, ist eine zunehmend wichtige Branche der Unia. Die für den Dienstleistungsbereich verantwortliche Gewerkschafterin Judith Venetz erkennt schnell den Ernst der Lage in Heimberg. Die Frau, die ihr gegenübersitzt, will, dass sich die Dinge ändern. «Wir hofften auf eine rasche Besserung der Situation», erklärt die Arbeitnehmerin. Und ergänzt: «Die Direktion hat uns per Ende 2008 mehr Stellen versprochen, wenn wir unsere Umsatzzahlen erreichen.» Das Umsatzziel ist erreicht und überschritten, aber von Neuanstellungen ist keine Rede mehr.

Recht schnell werden Verhandlungen mit der Spar-Leitung aufgenommen. Aber nach drei ergebnislosen Wochen fällt der Entscheid zu streiken. Es ist kein leichtfertig gefasster Entscheid: Alle sind sich bewusst, dass sie ihre Stelle verlieren könnten. Die Arbeitnehmerinnen von Heimberg wollen aber das Risiko auf sich nehmen. «Sie waren entschlossen, und schon bald bildete sich um Elsbeth eine Vierergruppe motivierter und gut aufeinander eingespielter Frauen», erinnert sich Venetz. Die Gruppe wird einen guten Teil der Arbeit übernehmen. Die Gewerkschaft ihrerseits setzt die Vorbereitungsmaschinerie in Gang: Ziele festlegen, Szenarien (A und B) definieren, Aufgaben verteilen. «Wir bereiteten uns auf jede Eventualität vor», erinnert sich die Gewerkschafterin.

Am 30. April um fünf Uhr morgens geht es los. Plakate und Transparente stehen bereit, ein Verpflegungsstand wird eingerichtet. Es fehlt nicht einmal an Kaffee und Gipfeli. Alle machen mit. «Wir streiken, weil Spar auf dem Rücken der Angestellten spart und das Gesetz nicht einhält», erklären die Angestellten den Kunden, die eintreffen und vor geschlossenen Türen stehen.

«Wir lassen uns nicht einschüchtern»

Mit Interesse verfolgen Presse und Fernsehen das Geschehen. Die Streikenden schildern die unhaltbare Situation: Der Laden ist an sieben Tagen in der Woche geöffnet, von sechs Uhr morgens bis zehn Uhr nachts. Erkrankt eine Mitarbeiterin, wird die Situation unhaltbar. «Einmal musste ich an acht aufeinanderfolgenden Wochenenden arbeiten», meint Kathrin Huber, eine junge Angestellte, die nach dem Streik den Beruf wechseln wird. «In weniger als einem Jahr haben wir fast siebenhundert Überstunden geleistet», ergänzt ihre Kollegin. Die Gewerkschafterin stellt ausserdem fest, dass die Lohnzahlungen tiefer sind, als es die geltenden Bestimmungen im Kanton Bern vorsehen. Die Direktion hat sogar Krankheitstage von den Überstunden in Abzug gebracht. «Wir wollen, dass mehr Personal angestellt wird, dass der Mindestlohn entsprechend den kantonalen Bestimmungen garantiert wird, dass Spar den kantonalen Normalarbeitsvertrag und die gesetzlichen Rahmenbedingungen einhält», antworten die Frauen den Journalisten, die sie interviewen.

Es gibt auch angespannte Momente. Auf Geheiss der Geschäftsleitung hat ein Securitas-Angestellter den Auftrag, den Laden zu öffnen, ebenso Kollegen von anderen Spar-Läden. Die Streikenden bewahren Ruhe und können sie überzeugen, sich zurückzuziehen. Am folgenden Tag erhalten alle die Kündigungsandrohung, sollten sie die Arbeit nicht wieder aufnehmen. «Wir haben uns aber nicht einschüchtern lassen», erklärt Kathrin. Der 1. Mai steht vor der Tür. An den Kundgebungen in der Schweiz informiert die Unia über die Geschehnisse. Vania Alleva, die Vertreterin der nationalen Geschäftsleitung der Unia, fährt nach einem Besuch in Heimberg nach St. Gallen, wo sich der Spar-Hauptsitz befindet. Zwanzig Frauen streiken dort gegen unhaltbare Arbeitsbedingungen. Diese Frauen zeigten Mut, weil sie die Arbeit niederlegten in einer Zeit, in der viele Angst hätten, die Stelle zu verlieren, erklärt die Gewerkschafterin und listet die Missverhältnisse und Forderungen der Streikenden auf.

Die Botschaft kommt an. Die Direktion akzeptiert Verhandlungen. Die Sitzung ist auf 16 Uhr anberaumt. «Wir sind sofort nach Zürich gefahren, begleitet von den vier Arbeitnehmerinnen, die sich am stärksten engagiert hatten», erinnert sich Venetz. Die Verhandlungen dauern bis nach Mitternacht. «Wir waren es gewohnt, bis spät nachts zu arbeiten, am Schluss waren wir weniger müde als die andern», erinnert sich eine Teilnehmerin, die mit dem Verhandlungsergebnis zufrieden war. Am folgenden Morgen wird die Vereinbarung von allen Kolleginnen ratifiziert.

Spar schafft zwei zusätzliche Vollzeitstellen; für die Überstunden wird ein Zuschlag von 25 Prozent gewährt, und es wird ein Schutzmechanismus eingeführt, um solche Situationen künftig zu vermeiden. Die Mindestlöhne werden auf 3900 Franken für Ungelernte und 4200 Franken für Gelernte festgelegt. Einzelne Mitarbeiterinnen erhalten eine Erhöhung von 700 Franken im Monat. Es gibt keine Entlassungen. «Die Geschehnisse zeigten in der Folge, dass zufriedene Angestellte besser arbeiten und es auf allen Seiten nur Gewinner gibt», meint Udo Michel, damals Lokalverantwortlicher der Unia.

Streik auch im Aargau

Die Jahre vergehen. Die Gewerkschaft ist immer stärker im Detailhandel engagiert. Im Juni 2009 feuert der freisinnige Genfer Nationalrat Christian Lüscher im Parlament eine Breitseite ab: Er fordert die Liberalisierung der Öffnungszeiten von Tankstellenshops. Die Folge sind noch mehr Nacht- und Sonntagsarbeit für die Angestellten solcher Läden, aber auch für die Zulieferer. Im Auftrag der Arbeitnehmenden ergreift die Unia das Referendum. Gleichzeitig wird die Volksinitiative für einen Mindestlohn von 4000 Franken lanciert und anfangs 2012 eingereicht.

In diesem Klima zeichnet sich 2013 ein weiterer Streik in einem Spar-Laden ab. Diesmal sind es die Angestellten der Filiale Dättwil nahe der Autobahnausfahrt Baden im Kanton Aargau, die sich an die Unia wenden. Sie wissen vom Streik von 2009. Wie die Berner Kolleginnen klagen auch sie über zu wenig Personal und tiefe Löhne. Mit Unterstützung der Gewerkschaft finden im Mai zwei Treffen mit der Spar-Leitung statt, ohne Erfolg. Stattdessen wird bekannt, dass Spar den Laden im Franchising-System abgeben will. Die Belegschaft steht mit leeren Händen da und beschliesst zu streiken. Der Streik solle spontan und von kurzer Dauer sein. Tatsächlich wird es rückblickend der längste Streik im Verkaufssektor werden.

«Am Morgen des 3. Juni legen zehn sehr entschlossene Personen die Arbeit nieder», erinnert sich Pascal Pfister, ehemaliger Unia-Gewerkschafter. «Um den Kopf freizuhaben von andern Gedanken, brachte ich vor dem Streik meine beiden kleinen Kinder zur Schwiegermutter nach Montenegro», erinnert sich Snezana Maksimovic, die mit der Zeit zur Leaderfigur dieses Streiks wird. Auch diese Arbeitnehmerinnen erhalten schon bald eine Kündigungsandrohung für den Fall, dass sie die Arbeit nicht aufnehmen sollten. Ihrer Entschlossenheit tut dies keinen Abbruch. Sie beantworten die Fragen der immer zahlreicher erscheinenden Journalisten. «An einzelnen Tagen sind wir nur zu zweit, um den Laden zu schmeissen. Die Löhne sind tief und nicht immer wird die Ausbildung berücksichtigt. Im Sommer ist es im Laden zu heiss und die Schokolade schmilzt.» Am 5. Juni versucht die Arbeitgeberseite das Geschäft wieder zu öffnen, die Proteste sind aber so heftig, dass die Aktion abgebrochen werden muss. Der Streik stösst national auf immer grösseres Echo und macht einmal mehr die Tieflöhne zum Thema. Die Aargauer Unia-GewerkschafterInnen erhalten viel Unterstützung aus der Umgebung und aus andern Unia-Regionen. Flugblätter werden an andern Standorten von Spar verteilt. Währenddessen vergehen die Tage ohne Verhandlungsbereitschaft des Arbeitgebers. Der Streik dauert an, die Organisation wird schwierig und aufwendig. Die Befürchtungen wachsen, dass der Streik anders enden könnte als in Heimberg. «Es gelang uns nicht, den Protest auf die nationale Ebene zu tragen», erinnert sich Nathalie Imboden, die nationale Branchenverantwortliche der Unia, und spricht damit einen Schwachpunkt der Gewerkschaft an.

Diesmal wird Spar nicht auf dem falschen Fuss erwischt, die Leitung hatte sich nach der Erfahrung von Heimberg vorbereitet: Das Unternehmen fokussiert auf gesetzliche Aspekte und spielt auf Zeit. Die Kommunikation wird in die Hände von Experten gelegt. «Stand die Presse anfänglich noch eher auf der Seite der Streikenden, wurde sie mit der Zeit kritischer», erinnert sich Pascal Pfister. Die St. Galler Ladenkette kennt die rechtliche Situation bestens und spielt diese Karte aus, um ihre Position zu stärken und jene der Streikenden zu schwächen. Es werden zahlreiche Anzeigen wegen Nötigung, Hausfriedensbruch und Sachbeschädigung eingereicht. An der Verhandlungsfront erweist sich die Situation als so verfahren, dass eine Lösung unmöglich ist.

Am 13. Juni kommt die Wende: Das Bezirksgericht Baden ordnet an, das Gelände zu räumen. Die Streikenden und die Gewerkschafter ziehen sich zurück. «Wir hatten absolut kein Interesse an einer Auseinandersetzung mit den Ordnungskräften», erklärt Kurt Emmenegger, Unia-Verantwortlicher im Aargau. Viele Streikende und UnterstützerInnen demonstrieren stattdessen in St. Gallen, vor dem Hauptsitz von Spar. Doch das Unternehmen entlässt die zehn Arbeitnehmerinnen fristlos und deponiert vor Gericht verschiedene Klagen. Die Unia ruft ihrerseits die Schiedsstelle des Kantons Aargau an und bereitet ebenso Klagen vor. Der Streik ist beendet, die Enttäuschung über dessen Ausgang ist gross.

Dennoch Fortschritte

Doch die Zeit heilt die Wunden: Alle gegenseitigen Rechtsklagen werden in der Folge ohne strafrechtliche Folgen zurückgezogen. «Ich habe die Arbeitnehmerinnengruppe über ein Jahr lang immer wieder getroffen», erinnert sich Pfister, der den Frauen bei der Stellensuche hilft. Gemeinsam gelingt es ihnen, die schwierigen Momente der Entmutigung zu überwinden. Snezana Maksimovic, die zehn Jahre bei Spar war, findet bald eine neue Anstellung, diesmal im Logistiksektor. Sie bereut den Streik nicht. «Wir hatten uns das vorher gut überlegt. Wir hatten keine andere Wahl. Wir wollten die Probleme lösen. Besser ein solches Ende, als gar kein Ende», meint sie. Sie ist sogar überzeugt, dass der Streik zu Veränderungen geführt hat. Dort, wo sie gearbeitet hatte, wurden alle von den Streikenden geforderten Massnahmen umgesetzt: mehr Personal, bessere Strukturen und eine Klimaanlage. Jetzt schmilzt die Schokolade im Sommer nicht mehr!

Für die Unia sind das schwierige Zeiten, aber sie lässt sich nicht unterkriegen. Sie stürzt sich in die Kampagne gegen den 24-Stunden-Tag in den Tankstellenshops. In diesem Zusammenhang gewinnt auch das Vorhaben eines Gesamtarbeitsvertrags für die Branche an Boden. Dieser wird nach langwierigen Verhandlungen im November 2015 Tatsache, abgeschlossen zwischen dem Verband der Tankstellenshop-Betreiber der Schweiz (VTSS) und den Gewerkschaften Unia und Syna: Der GAV wird die Arbeitsbedingungen aller 13 000 Beschäftigten in den 1300 Tankstellenshops der Schweiz regeln. «Die Streiks waren nicht der Auslöser für diesen GAV, sie haben aber indirekt die Notwendigkeit gezeigt, die Arbeitsbedingungen zu verbessern», meint Natalie Imboden.

Anna Luisa Ferro Mäder

Unternehmen	Novartis
Branche	Pharmazeutik
Ort	Prangins/Nyon (VD)
Anzahl Streikende	rund 400 Personen
Grund	Schliessung des Werks
Zeitpunkt und Dauer	16. November 2011 (1 Tag)

Unverhoffte Rettung

«Es gibt weder Blue Collars noch White Collars! Die Beschäftigten sind alle vereint!»

Zwei Milliarden Gewinn im dritten Quartal und 2000 Kündigungen! Die fast zeitgleiche Ankündigung von Novartis am 25. Oktober 2011 warf ein Schlaglicht auf den neoliberalen Zynismus. Die Folgen in der Schweiz: Wegfall von über tausend Stellen, davon 760 in Basel und 320 in Prangins im Kanton Waadt. Dort sollte die Fabrik ganz geschlossen werden. Ein Schock für die Beschäftigten, die – der Gipfel des Widersinns – noch einige Monate zuvor für das gute Ergebnis beglückwünscht worden waren.

Gleichentags findet eine erste von der Unia dringend einberufene Personalversammlung statt. Im Gemeindesaal, vom Verwalter und ehemaligen Novartis-Mitarbeiter Claude Dupertuis zur Verfügung gestellt, machen sich Wut, Niedergeschlagenheit und Unverständnis bei den GAV-Unterstellten (Produktion) und den Angestellten mit Einzelarbeitsvertrag (Administration, Labor, Forschung) breit. «Der Betrieb ist fast hundertjährig. Dem Kanton Waadt wird ein Stück Geschichte entrissen», meint ein Angestellter. Einer seiner Kollegen analysiert: «Die Transferkosten sind hoch, das Ganze ist unglaubwürdig.»

Manche glauben, eine Rettung der Fabrik sei möglich, andere denken schon an den Sozialplan. Yves Defferrard, der damalige Industrieverantwortliche der Unia Waadt, meint zum Auftakt des Kampfs: «Lasst euch nicht entmutigen, es ist möglich, auf den Entscheid zurückzukommen, auch wenn sie euch auseinanderdividieren und die Gewerkschaften fernhalten wollen.» In dem Moment glauben nur wenige daran. Und doch organisiert sich innerhalb einer Woche der gewerkschaftliche Aufstand – mit sehr grosser Unterstützung von Bürgern, Politikern, Medien und sogar Arbeitgebern.

Vielfältige Mobilisierung

Zur Rückendeckung wird an der ersten Versammlung eine Petition lanciert. Am Samstag, den 29. Oktober, nehmen in Basel rund 1000 Personen an einer Kundgebung teil. Am 1. November fahren über 200 Angestellte des Werks Prangins nach Lausanne zur Tagung des Waadtländer Kantonsrats. Im Parlament wird eine Resolution für die Rettung der Fabrik einstimmig verabschiedet. Vor dem Palais de Rumine skandiert Yves Defferrard: «Es gibt weder Blue Collars noch White Collars! Die Beschäftigten sind alle vereint!» Zwei Männer verkörpern diese Allianz: zum einen Célio Rodrigues, der Präsident der Personalkommission der GAV-unterstellten ArbeiterInnen, zum andern Jacob Zijlstra an der Spitze der eben gegründeten Kommission für die Angestellten mit Einzelarbeitsvertrag. Gleichzeitig richten die neugewählten 18 Waadtländer Nationalräte aus allen Parteien einen Appell an Novartis, auf den Entscheid zurückzukommen.

Der kollektive Kampf nimmt politische Züge an. Am 2. November wird ein Unterstützungskomitee aus lokalen Vereinen, Vertrauensleuten, Angestellten, Bürgern, Politikern und Gewerkschaftern gegründet. Gleichentags treffen sich die Unia und die Präsidenten der beiden Personalkommissionen mit den Regierungsräten Philippe Leuba und Pierre-Yves Maillard sowie mit Roger Piccand, dem Vorsteher des Waadtländer Arbeitsamts. Am folgenden Tag treffen die Waadtländer und die Basler Behörden Bundesrat Johann Schneider-Ammann, den Vorsteher des eidgenössischen Wirtschaftsdepartements, um für den Erhalt der Fabrik zu plädieren. Novartis macht einen ersten kleinen Schritt und willigt ein, Details zum Prüfungsbericht bekanntzugeben, der die Schliessung des Standorts empfiehlt.

Am 4. November machen sich über 200 Beschäftigte bei Wind und Wetter für den Erhalt der Stellen stark. Die Novartis-Angestellten, die dafür den Nachmittag freigenommen haben, marschieren von der Fabrik aus durch Nyon. Jacob Zijlstra meint am Schluss der Kundgebung: «Wir kennen unsere Fabrik besser als die Experten, die nur ein paar Monate da waren. Sie haben sich geirrt, und wir werden ihre Zahlen widerlegen.»

Am 8. November enthüllt Yves Defferrard im Rahmen der Sendung *Infrarouge* von RTS öffentlich und nach vorgängiger Zustimmung eines Novartis-Vertreters, wie hoch die als Grund für die Schliessung angeführten Ersparnisse sind: gerade einmal 20 Millionen Franken bis 2020. Eine ähnliche Summe wie das Jahreseinkommen von Daniel Vasella, Präsident der Gruppe. Die Enthüllung bestärkt den kollektiven Kampf, bringt aber die Novartis-Direktion auf die Palme – mit der Folge, dass sie die Verhandlungen einfriert.

Ein Blitzstreik

Am 12. November wird erneut eine öffentliche Kundgebung in Nyon organisiert, an der über 2300 Personen teilnehmen. Am 15. November erscheint in der Zeitung *Le Matin* ein Gespräch mit Armin Zust, dem damaligen Direktor von Novartis Schweiz, das für Zündstoff sorgt. Der Manager lässt durchblicken, dass der Entscheid zur Schliessung schon gefasst ist, obwohl die Konsultationsfrist eben erst angelaufen ist. Das war ein Wort zu viel. Am folgenden Tag beschliessen über 300 Angestellte, in einen Warnstreik zu treten; sie wollen Garantien, dass Alternativen zur Schliessung des Werks ernsthaft geprüft werden.

Am 16. November wird die Produktion eingestellt, und viele Angestellte der Administration, der Labors und der Forschung leisten der Bewegung Folge. 400 Personen legen die Arbeit nieder und versammeln sich im Gemeindesaal von Nyon. «Ein aussergewöhnliches Ereignis, der letzte Streik im Pharmasektor datiert von 1945», erinnert sich Melinda Tschanz, Gewerkschaftssekretärin.

Gleichzeitig führt die Waadtländer Regierung Gespräche mit der Novartis-Direktion, die endlich einwilligt, die konkreten Vorschläge der Personalvertreter zu prüfen. Der Streik wird ausgesetzt und das Nachtschichtteam nimmt die Produktion um 22 Uhr auf.

Mitte Dezember unterbreiten die Personalvertreter und die Unia der Direktion nicht weniger als 70 Seiten mit Alternativvorschlägen zur Schliessung. Am 21. Dezember wird die Petition «Non aux licenciements annoncés par Novartis» mit 16 148 Unterschriften eingereicht.

Erfolg

Am 17. Januar 2012 jubeln die Angestellten und die Gewerkschaft. Der Pharmariese ist zurückgekrebst. «Ich hätte nicht gedacht, dass Novartis alle unsere Vorschläge akzeptiert. Der Kampf hat sich gelohnt», freut sich Célio Rodrigues. Neben dem Beschluss zum Erhalt des Standorts und der Arbeitsplätze kündigt Novartis an, darüber hinaus 40 Millionen Franken Investitionen in die Modernisierung des Standorts, die Einrichtung einer neuen Produktionslinie und den Ausbau der Aktivitäten mithilfe neuer Kooperationen zu tätigen. Im Gegenzug erhält das Unternehmen eine Zeitlang Steuererleichterungen – eine vom Kanton Waadt geheim gehaltene Vereinbarung, die sich laut Aussagen von Ständerat Philippe Leuba an den Steuererleichterungen orientiert, die ein neues Unternehmen erhalten hätte.

«Das ist ein Sieg der Direktion von Novartis, vor allem aber der Angestellten. Wir müssen uns ein Beispiel daran nehmen», meint Mike Nista, der Präsident der Unia Waadt. Nuria Gorrite, damals sozialdemokratische Abgeordnete, weist auch auf die Tragweite des Arbeitskampfs hin: «Hätten wir resigniert, wäre das ein Signal für einen weiteren Stellenabbau in der Region gewesen.»

Die Rettung der Arbeitsplätze hat jedoch ihren Preis. Zwei Drittel der 160
Schichtmitarbeiter akzeptieren in einer geheimen Abstimmung, dass
ihre Arbeitszeit ohne Lohnausgleich von 37,5 Stunden auf 40 Stunden
pro Woche erhöht wird. «Ich weiss nicht, ob das wirklich ein Sieg ist. Wir
arbeiten noch immer gratis 2,5 Stunden länger...», meint fünf Jahre später Bulent Ozkan, Mitglied der Personalkommission. «Ich war gegen diese Massnahme. Es scheint aber, dass sie in der Waagschale von grossem
Gewicht war», meint Célio Rodrigues, der noch immer Präsident der
GAV-Personalkommission ist.

Übernahme durch GSK

Inzwischen hat Novartis die Aktienmehrheit am Werk Prangins an
GlaxoSmithKline (GSK) verkauft. Das britische Unternehmen hat das
Ruder übernommen und baut den Standort kontinuierlich aus. 2017 wurde der bisherige Novartis-GAV übernommen, ohne Änderungen (ausser
dem Namen). Eine Erweiterung über den Bereich Produktion und Unterhalt hinaus wurde jedoch abgelehnt. «Trotz des grossartigen, gemeinsam geführten Kampfs bestehen weiterhin starke Unterschiede zwischen Blue und White Collars. Die White Collars lassen sich kaum gewerkschaftlich organisieren. Auch die gewerkschaftliche Tätigkeit ist
mit GSK schwieriger geworden», stellt Abdou Landry mit Bedauern fest.

Generell meint Yves Defferard, dass die Unia im Kanton an Glaubwür-
digkeit gewonnen habe, obschon die Zahl der Gewerkschaftsmitglieder
nicht wie erhofft angestiegen ist. «Die Arbeiter sind stolz, am Arbeitskampf teilgenommen zu haben, und vermitteln in andern Unternehmen
die Botschaft, dass Streik funktioniert.» Ein symbolträchtiger Streik und
eine Inspirationsquelle für den Arbeitskampf bei Merck Serono (kurio-
serweise Opfer des gleichen Auditunternehmens, das die Schliessung
von Novartis und zuvor von Sapal beschlossen hatte), obschon der Ausgang nicht so glücklich war. Célio Rodrigues: «Der Kampf war eine einmalige Erfahrung. Und er beweist einmal mehr, dass nur wer kämpft,
auch gewinnen kann.»

Aline Andrey

Unternehmen	Merck Serono
Branche	Pharmazeutik
Ort	Genf-Sécheron
Anzahl Streikende	über 500 Personen
Grund	Massenentlassungen und Betriebsschliessung
Zeitpunkt und Dauer	5 Tage zwischen 12. Juni und 31. Juli 2012

Merck Serono

Starke Solidarität

«Das war's dann,
man räumt,
man geht, man ist
niemand mehr …
aber alles ist offen!
Man ist stärker …
es ist vorbei!»

«Ich sass in dieser riesigen Halle. Endlich würde man wissen … Der Text wird heruntergeleiert. Gelesen von einem Menschen für andere Menschen, aber es ist nichts Menschliches dabei. Wir sind 1000 Menschen in dieser Kunstlichthalle, die plötzlich einer Viehhalle gleicht. Die Worte plätschern dahin. Bleierne Stille. Die Worte hallen wider. Wut wächst in der Stille. Bleierne Stille. Die Worte plätschern weiter, sollen wohlwollend stimmen: ‹Nehmen Sie sich den Nachmittag frei …›, ‹Passen Sie auf sich auf …› Und jetzt wagen einige Leute, verhalten zu pfeifen. Zwei, drei ganz leise Pfiffe … So viel gestaute Wut. Sie haben gewagt zu pfeifen … Auch ich möchte, ich möchte schreien, sie ausbuhen … Ich tu es nicht. Ich habe es nie getan. Ich habe nie jemanden ausgebuht. Alles bleibt in mir drin. Wie demütigend! Wie frustrierend! Was für eine Ungerechtigkeit! Was für eine Wut! Dann kam der Arbeitskampf, ich konnte sie ausbuhen und schreien. Und ich wünsche mir, dass ich mich nie mehr wie Schlachtvieh fühlen muss.» (eine Streikende)

Die Ankündigung am 24. April 2012 schlägt in Genf wie eine Bombe ein: Die Pharmagruppe Merck Serono will ihren Standort Genf schliessen und rund 1200 feste und 350 temporäre Arbeitsplätze streichen. Ein paar hundert Arbeitsplätze werden nach China, in die USA und nach Deutschland verlagert. Sie werden qualifizierten Personen zugesichert, die mit einem Umzug einverstanden sind. Die andern sollen mit einem grosszügigen Sozialplan getröstet werden.

Das Konsortium war 2007 nach der Übernahme von Serono durch den deutschen Pharmariesen Merck entstanden; es wurde reich und bekannt dank eines Medikaments zur Behandlung der multiplen Sklerose. Nur fünf Jahre nach der Übernahme zeigt die definitive Schliessung des Standorts Genf, was das Ziel von Merck war: Zugriff erhalten auf die Patente und das industrielle Know-how von Serono sowie auf seinen Kundenstamm für die profitabelsten Präparate. Die weniger gewinnträchtigen Forschungen wurden schnell aufgegeben.

Wut …

Die Ankündigung war ein Schock für das gewerkschaftlich träge gewordene Personal. Die organisierten Angestellten konnte man an einer Hand abzählen. Trotzdem war die Unia rasch zur Stelle, als die Wut aufflammte. Die grösste kollektive Entlassung im Kanton Genf sollte nicht folgenlos über die Bühne gehen.

Sofort stellte die Unia Posten vor das Unternehmen, um das Personal zu einer ersten Versammlung am 27. April einzuladen. Rund 450 Arbeitnehmerinnen und Arbeitnehmer nahmen teil, zwei Stunden später waren eine Personaldelegation und ein Streikkomitee mit je zwanzig Personen gegründet. Ein paar Tage später startete am Werkhof von Merck Serono ein Zug mit rund 600 Beschäftigten, um sich dem 1.-Mai-Umzug anzuschliessen. Hunderte von enttäuschten Angestellten leiteten damit eine lange Reihe von Kundgebungen und Strassenaktionen bis August 2012 ein, um auf ihre Situation aufmerksam zu machen. «Das Ereignis, das sich mir eingeprägt hat, ist der Marsch in die Altstadt, um mit den kantonalen Behörden zu reden. Wir waren alle vereint und stark. Die Rufe hallen noch wie wütende Aufschreie in mir wider», erinnert sich ein Streikender.

Die Hauptforderung der Protestierenden war rasch verabschiedet: Erhalt der Arbeitsplätze. Das Personal beteiligte sich aktiv am Konsultativverfahren, das im Fall einer Betriebsschliessung gesetzlich vorgeschrieben ist. Die betriebsinterne Mobilisierung wurde regelmässig von den Personaldelegationen organisiert, ebenso Kaffee-Gipfeli-Runden, um das Gespräch und den Zusammenhalt zu fördern.

Die zweite, von den Beschäftigten an ihren regelmässigen Treffen beschlossene Interventionsachse war die Verbesserung des Sozialplans für die entlassenen Personen. Der dritte Schwerpunkt war der Einbezug der Temporärbeschäftigten in die Resultate, denn als Subunternehmer wurden sie von Merck Serono in den Sozialplänen nicht berücksichtigt.

… und Kampf

Es folgten Verhandlungen und Aktionen auf dem Gelände, im Betrieb und ausserhalb: Petitionen, Strassenumzüge, Kontakte mit den deutschen Gewerkschaften, eine Kundgebung am Hauptsitz von Merck in Darmstadt, die Koordination mit den politischen Behörden bis hin zu wildem Campieren und Hungerstreik vor dem Betriebsgelände. All diese Massnahmen ebneten den Boden für fünf Streiktage zwischen dem 12. Juni und dem 31. Juli.

Die Bevölkerung begegnete dem Streik mit Sympathie, die Medienaufmerksamkeit für dieses aussergewöhnliche Ereignis war gross. Die steten Erklärungsaktionen der Betroffenen förderten die positive Aussenwirkung. Die Selbstgefälligkeit der Direktion trug ebenfalls zur breiten Sympathie für die Streikbewegung bei. Erstere lehnte ohne Begründung alle Vorschläge der Beschäftigten ab und weigerte sich, an einer von der Genfer Regierung empfohlenen Mediation teilzunehmen. Die Regierung musste sogar ein gerichtliches Schlichtungsverfahren eröffnen, um die Direktion von Merck Serono an den Gesprächstisch zu zwingen. In diesem Rahmen konnte schliesslich ein Kompromiss mit einem Sozialplan gefunden werden, der auch die unsichersten Arbeitsplätze einschloss.

Die Gewerkschaft konnte sich auf eine hochqualifizierte Personaldelegation abstützen, die in der Lage war, sich selbst zu organisieren. Zusammen mit den «natürlichen Leadern», die aus dem Konflikt hervorgegangen waren, konnte die Unia den Angestellten einen Rahmen bieten, um Verhandlungen, Mobilisierungen und Streiks durchzuführen. Letztere blieben jedoch wirkungslos, denn der Arbeitgeber hatte seine Restrukturierung vorbereitet und die Server noch vor der Ankündigung der Massenentlassung nach Darmstadt verlegt. Das «immaterielle Vermögen» des Standorts Genf war vom Mutterhaus präventiv angezapft worden, die Beschäftigten am Genfersee versorgten es ohne ihr Wissen weiterhin mit Dateikopien. Die Produktionsblockade hatte daher keine grossen Folgen für das Unternehmen und konnte den Entscheid der Arbeitgeber nicht umstossen.

Der zweite Fallstrick bei Merck Serono war der fehlende gesetzliche Schutz gegen Massenentlassungen. Die Gesetzesbestimmungen in der Schweiz sind derart schwach, dass sie die Beschäftigten in keiner Weise schützen, sondern nur Entschädigungen erlauben. «Die Unwirksamkeit, um nicht zu sagen die Gleichgültigkeit der Politiker aller Couleurs und Ebenen (Gemeinde, Kanton, Bund) haben mich angewidert. Viele Worte vor den Kameras, nichts Konkretes dahinter!», meinte ein verbitterter Delegierter.

Um den Widerstand gegen ein multinationales Unternehmen zu organisieren, das sich weder durch Streikende noch durch lokale Politiker beeindrucken liess, wäre internationale Solidarität bitter nötig gewesen. Die Hausgewerkschaft von Merck Serono in Deutschland sorgte sich jedoch mehr darum, die Stellen in Darmstadt zu sichern, statt die Kollegen in Genf zu unterstützen.

Die Folgerungen ziehen

Obschon der gute Sozialplan mit Einschluss der Temporärbeschäftigten als Teilerfolg zu werten ist, scheiterte der Arbeitskampf im Wesentlichen. Ungefähr 1500 Arbeitsstellen gingen verloren. Der Gipfel der Ironie ist, dass gerade die von den Beschäftigten erarbeitete hohe Rentabilität es dem Unternehmen erlaubt hat, die Belegschaft mit einer grosszügigen Entschädigung loszuwerden. «100 Prozent der Leute entlassen und die Dividende für die Aktionäre erhöht, alles am selben Tag», kommentierte ein entlassener Arbeitnehmer.

Sechs Jahre später ist das Unternehmen aus Genf verschwunden, der Begriff «Serono» wurde sogar aus dem Firmennamen der Gruppe gestrichen. Die Angestellten sind, so gut es ging, untergekommen, einige mussten die Stadt verlassen, andere haben sich beruflich neu orientiert. Einzelne wurden in andere Städte versetzt, wo die Restrukturierung von Merck weitergeht.

In einer digitalisierten Arbeitswelt müssen die Mittel des Kampfes und die konkreten Wege der Solidarität an die neuen Produktionsbedingungen angepasst werden. Vor allem aber müssen die Gesetzesbestimmungen zum Schutz vor individuellen und kollektiven Entlassungen aus wirtschaftlichen oder antigewerkschaftlichen Gründen verbessert werden, damit die Arbeitnehmenden mit effizienten Mitteln für den Widerstand gegen das Diktat der Arbeitgeber ausgerüstet werden. «Wir sind gegen eine Gesetzesmauer angerannt», meint schliesslich ein Streikender, «aber ich glaube an die Möglichkeit, das Schweizer Gesetz zu ändern.»

«Was für aufwühlende Gefühle seit diesem 24. April [2012], voller Widersprüche, während zu langer und zu kurzer Zeit, mit Höhen und Tiefen, Verbundenheit und Isolation, Gemeinschaft und grosser Einsamkeit, Solidarität und Individualität, Freude und Traurigkeit, Übermut und Angst, Aufmerksamkeit und Ignoranz, Mitgefühl und Verachtung, Erkenntnissen und Verzweiflung, schönen und hässlichen Leuten … Das war's dann, man räumt, man geht, man ist niemand mehr … aber alles ist offen! Man ist stärker … es ist vorbei!» (eine Streikende)

Michel Schweri

Branche	Gartenbau
Ort	Kanton Schaffhausen
Anzahl Streikende	circa 80 Personen
Grund	tiefe Löhne
Zeitpunkt und Dauer	4.–8. Juli 2013 (4 Tage)

Gartenbau

Gegen den Wildwuchs

«Viele meinen,
wir würden
nur ein bisschen
Rasenmähen.»

Landesweit arbeiten über 20 000 Angestellte in über 4000 Betrieben im Gartenbau oder in einer Gärtnerei – und trotzdem fehlt in der Branche ein nationaler Gesamtarbeitsvertrag. Nur Basel und Genf haben einen GAV, der diesen Namen verdient. Auch heute noch. Die Folge sind vergleichsweise tiefe Löhne. Obwohl GartenbauerInnen oft Schwerarbeit bei Wind und Wetter leisten, verdienen sie deutlich weniger als ihre Kolleginnen und Kollegen auf dem Bau. Genau diese Ungleichheit führte im Juli 2013 im Kanton Schaffhausen zu einem Streik, der in der ganzen Schweiz Aufsehen erregte.

Allerdings hatte die Streik-Premiere im Gartenbau schon vorher stattgefunden: und zwar bei der hoch überschuldeten Firma Beglinger Gartenbau AG im glarnerischen Mollis, die über zahlreiche Niederlassungen im Raum Zürich/Ostschweiz verfügte. Am 30. Oktober 2012 traten 22 Angestellte mit Unterstützung der Unia in einen Warnstreik, weil die Löhne nicht ausgezahlt worden waren. Wenige Wochen später ging die heruntergewirtschaftete Traditionsfirma Konkurs, und das Kantonsgericht verfügte die Liquidation. Dieses unschöne Beispiel warf ein schräges Licht auf eine Branche, von der bisher in der Öffentlichkeit wenig die Rede war.

Miese Löhne

Im Kanton Schaffhausen sorgten die Arbeitsbedingungen bei den im Gartenbau Beschäftigten für grosse Unzufriedenheit: Löhne von 3450 Franken, Schwerarbeit, lange Arbeitstage. Und es war kein Zufall, dass der Arbeitskonflikt ausgerechnet in einer ausgesprochenen Grenzregion entbrannte. Die GartenbauerInnen und LandschaftsgärtnerInnen am Nordzipfel der Schweiz waren deutscher Konkurrenz mit noch tieferen Löhnen ausgesetzt. Diese Situation war bekannt. Ein Bericht des Staatssekretariats für Wirtschaft (SECO) attestierte der unübersichtlichen Branche, die durch viele Kleinbetriebe charakterisiert ist, stark verbreitetes Lohndumping.

Die Sache nahm im Sommer 2012 bei einem Feierabendbier in der Schaffhauser Altstadt ihren Lauf. In der «Schäferei», einer vorzugsweise mit Punk beschallten Beiz, trafen junge Gartenbauer auf Gewerkschafter der Unia. Matthias Brülisauer, Simon Wunderli und Roman Stärk wollten die Misere nicht länger hinnehmen. Das wollten auch die Unia-Vertreter Florian Keller, Daniela Neves und Bashkim Rexhepi nicht.

Ihnen waren mehrere Dumpingfälle im Gartenbau bekannt. Bald war
der Plan geboren, gemeinsam etwas gegen die misslichen Arbeitsver-
hältnisse zu unternehmen. Die Gartenbauer hatten genug davon, Mau-
ern hochzuziehen, Kanäle zu verlegen, Schächte zu graben, Platten zu
verlegen, Bäume zu setzen und dafür noch 1000 Franken weniger Lohn
als ihre Kollegen vom Bau zu verdienen. Einen Gesamtarbeitsvertrag
gab es nicht. Nur rund 40 Prozent der Firmen waren dem Arbeitgeberverband Jardin Suisse angeschlossen. Es herrschte ziemlicher Wild-
wuchs in der Branche – auch gewerkschaftlich gesehen ein eher schwieriger Fall. Die Unia machte Mittel für eine Kampagne frei, es galt, die
Öffentlichkeit zu mobilisieren. «Viele meinen, wir würden nur ein bisschen Rasenmähen», sagte Gartenbauer Daniel Trefalt in einem Porträt,
«dabei sind wir morgens um 6 Uhr 45 zur Stelle und arbeiten hart.» Zudem müsse ein Gartenbauer nicht nur schwer schleppen, sondern in der
Lehre auch 450 Pflanzen auf Deutsch und Lateinisch kennen.

Aufklärung der Öffentlichkeit

Die Sensibilisierung musste schrittweise geschehen. Denn anders als im
Bauhauptgewerbe war der Gartenbau als Branche im öffentlichen Bewusstsein wenig präsent. Im Herbst 2012 stellten aktive Berufsleute im
Stadtzentrum von Schaffhausen eine Minigolfanlage aus Rasenflächen
auf und verteilten Flyer. Gespräche mit den PassantInnen zeigten, dass
kaum jemand über die Missstände im Gartenbau informiert war. Viele
zeigten sich über die tiefen Löhne erstaunt. Der nächste Schritt war die
Forderung nach einem Gesamtarbeitsvertrag. Die Unia deponierte diese
beim lokalen Präsidenten des Arbeitgeberverbands Jardin Suisse, Matthias Frei, zugleich der grösste Gartenbauunternehmer in der Region.
Die Frei AG in Thayngen beschäftigt rund siebzig Angestellte.

Doch die Gespräche am runden Tisch zogen sich hin. Frei wollte die
Unia nicht als Sozialpartnerin anerkennen. Stattdessen verwies er auf
den Vertrag des Arbeitgeberverbands Jardin Suisse mit dem von ihm ab-
hängigen kleinen Standesverband Grüne Berufe Schweiz. Dieser Vertrag
war aber nicht viel wert, wie die vielen Tiefstlöhne in der Branche zeigten. Die Unia verlangte deshalb einen kantonal verbindlichen GAV mit
einem Mindestlohn von 4432 Franken, einem 13. Monatslohn sowie fünf
Wochen Ferien. Die Entwicklung lief auf einen Konflikt zu, als Frei im
Mai die Verhandlungen abrupt abbrach und zwei bereits anberaumte
Termine im Juni absagte. Gleichzeitig begann er, seine eigenen Ange-

stellten unter Druck zu setzen. Er legte ihnen nahe, sich dem Verband Grüne Berufe Schweiz anzuschliessen, und köderte Unia-Mitglieder damit, dass er den Mitgliederbeitrag von 200 Franken für das erste Jahr selber übernehme – vorausgesetzt, die Unia-Mitgliedschaft werde «auf den nächstmöglichen Termin» gekündigt. Offensichtlich hausierte Frei damit auch bei anderen Gartenbaufirmen. So wollte er die Unia ausbremsen. Gartenbauer Tom Hauser hat dies selbst miterlebt. Die meisten der Anwesenden an einer Versammlung habe der Chef persönlich bestellt, wusste er zu berichten. Als Angestellter von Frei hatte Hauser zwar einen anständigen Lohn. Trotzdem nahm er am Streik teil, weil ihm Solidarität wichtig war: «Ich mache es für alle», gab er der Unia-Zeitung *work* im Nachgang zu Protokoll.

Vier Tage Streik

Frei landete in der Sackgasse. Die streikbereiten Schaffhauser Gartenbauer gaben ihm eine letzte Frist bis Anfang Juni, um in einen Gesamtarbeitsvertrag mit existenzsichernden Löhnen einzulenken. Eine Altstadtbeiz war schon als Streikzentrale vorgesehen. Als nichts geschah, legten am 4. Juli 2013 rund achtzig Angestellte aus verschiedenen Firmen die Arbeit nieder. Mit Trillerpfeifen, Transparenten und viel Sound zogen sie durch die Munotstadt, was erhebliches Aufsehen erregte. So etwas hatte man noch nie gesehen. Dann stellten sie vor Freis Betrieb symbolisch einen Verhandlungstisch auf, der jedoch leer blieb. Der Arbeitgeberchef weigerte sich weiterhin, die Unia als Verhandlungspartnerin anzuerkennen. Eine öffentliche Polemik entbrannte. Jardin Suisse warf der Unia «aggressives Vorgehen» vor, und der für seinen Grobianismus bekannte Gewerbeverbandsdirektor Hans-Ulrich Bigler unterstellte der Unia, sie wolle «Klassenkampf» machen und sei gar nicht am Dialog interessiert. Ausgerechnet Hardliner Bigler!

Nach vier Tagen war der Arbeitskampf am 8. Juli entschieden – zugunsten der Streikenden. Neun bestreikte Firmen im Kanton erklärten sich bereit, die Mindestlöhne in zwei Schritten um bis zu 900 Franken anzuheben. Künftig sollten ungelernte Gartenbauer 4200 Franken und gelernte mit dreijähriger Berufserfahrung 5100 Franken erhalten. Wohl noch selten hat ein Lohnstreik in der Schweiz einen solch durchschlagenden Erfolg erzielt. In den Medien war von der «roten Artillerie mit dem grünen Daumen» (WOZ) die Rede, in Anspielung an eine Polemik während des Streiks. Das Ziel der Schaffhauser, mit den GAV-Löhnen für

Gartenbau in den Kantonen Genf und Basel gleichzuziehen, wurde beinahe erreicht. Um das Resultat abzusichern, sammelte die Unia kurz darauf eine Petition mit 6000 Unterschriften zuhanden des Kantons und der Gemeinden. Diese sollten Aufträge der öffentlichen Hand nur noch an Firmen erteilen, die die neuen Minimallöhne respektierten.

Über Schaffhausen hinaus

Der Schaffhauser Streik war wegweisend für die Branche, auch wenn er nicht in einem kantonalen GAV endete. Weiterhin sind die Lohnunterschiede zwischen dem Baugewerbe und dem Gartenbau gemäss Jardin-Suisse-Vertrag gross. Während der tiefste Lohn auf dem Bau bei 4413 Franken liegt, ist er bei Jardin Suisse um volle 600 Franken tiefer. Dabei gelten die Mindestlöhne nicht einmal für alle Betriebe. Auch sonst haben die Gärtnerinnen und Gärtner schlechtere Arbeitsbedingungen als auf dem Bau. So gibt es keinen vorzeitigen Altersrücktritt ab 60, die Pensionierung beginnt erst mit 65. Immerhin hat die Debatte um die im Jahr 2014 abgelehnte Mindestlohninitiative auch die Gartenbauunternehmer unter Druck gesetzt. Es gibt kaum mehr Löhne unter 4000 Franken. Der Richtlohn für einen gelernten Gärtner liegt jetzt bei 4350 Franken.

Doch nicht zuletzt dank dem Schaffhauser Erfolg ist die Stimmung in der Branche kämpferisch. Am Unia-Kongress 2016 in Genf drang mit grosser Mehrheit ein Antrag der 25-jährigen Berner Landschaftsgärtnerin Michèle Witschi durch. Danach soll die Gewerkschaft das erfolgreiche Schaffhauser Gartenbau-Projekt auch in anderen Kantonen umsetzen. «Uns stinkt's im Gartenbau!», sagte die junge Gewerkschafterin unter grossem Applaus. Die Unia-Leitung wollte den Antrag nur in einer unverbindlichen Form entgegennehmen. Das schlug fehl. Nach dem Streik in Schaffhausen nun ein Paukenschlag in Genf. Inzwischen hat die Gewerkschaft eine Petition mit mehreren tausend Unterschriften aufgesetzt. Die Hauptforderungen sind faire Mindestlöhne und Arbeitszeitmodelle, Möglichkeiten für die Weiterbildung und natürlich eine Regelung zur Frühpensionierung wie auf dem Bau. Dies alles im Rahmen eines allgemeinverbindlich erklärten Gesamtarbeitsvertrags.

Ralph Hug

Betrieb	Primula AG
Branche	private Spitex
Ort	Küsnacht (ZH)
Anzahl Streikende	7 Pflegerinnen
Grund	unbezahlte Überstunden
Zeitpunkt und Dauer	13.–27. Juni 2014 (14 Tage)

Wenn Pflegerinnen streiken

«Streiken und Gewinnen geht auch im Care-Sektor!»

Im Juni 2014 traten erstmals in der Schweiz Mitarbeitende einer privaten Spitex-Firma in den Streik. Das hatte seinen Grund. In einer alternden Gesellschaft bieten sich im boomenden Care-Markt neue Profitmöglichkeiten; so schossen in den letzten Jahren private Spitex-Firmen wie Pilze aus dem Boden. Sie machen den kommunalen Spitex-Verbänden mit Dumpinglöhnen Konkurrenz, indem sie gezielt Arbeitsmigrantinnen aus osteuropäischen Ländern mit tiefem Lohnniveau anlocken.

Genau dies ist das Geschäftsmodell der Firma Primula AG in Küsnacht (ZH) mit gut einem Dutzend Angestellten. Ihr Chef Daniel Hoss war erst 2012 ins Geschäft mit der Betagtenbetreuung an der reichen Goldküste eingestiegen. Zuvor war er in der Reisebranche tätig gewesen. Er rekrutierte Pflegerinnen aus Polen, die von einer Agentin via Skype angeheuert wurden. So berichtete es Sylwia Chlewinska, eine der Betroffenen, gegenüber der Unia. Der Arbeitsvertrag sei dann per E-Mail eingetroffen. Zwar war dort ein Lohn von rund 4000 Franken aufgeführt, doch in Tat und Wahrheit schmolz dieser wegen überlangen Arbeits- und fehlenden Ruhezeiten auf ein Minimum. Chlewinska sagte der Unia: «Ich bin seit einem Jahr hier und habe inzwischen über tausend Überstunden, die mir nicht ausbezahlt wurden.» Die Unia errechnete, dass der reale Bruttolohn der Primula-Pflegerinnen weit unter 3500 Franken lag, je nach Rechnung sogar noch tiefer.

Rund um die Uhr

Beata Olsewska, eine der betroffenen Pflegerinnen, erzählte: «Die ersten Tage, als ich den Job antrat, arbeitete ich rund um die Uhr.» Wie andere Kolleginnen bei der Primula AG häufte sie Hunderte von Überstunden an. Der Chef vertröstete sie jeweils mit kleineren Zahlungen, die er obendrein noch als «Bonus» deklarierte. Deshalb wandte sich Olsewska zusammen mit einer Landsfrau an die Unia. Die Kontrolle der Arbeitsverträge ergab, dass sie rechtliche Mängel aufwiesen und in einzelnen Bestimmungen völlig unhaltbar waren. Die polnischen Mitarbeitenden kamen regelmässig auf 360 Arbeitsstunden im Monat. Es gab ununterbrochene Betreuungseinsätze von sieben Tagen und mehr am Stück, und zwar sowohl tagsüber als auch nachts. Olsewska und ihre Kollegin hatten innert kürzester Zeit 436 bzw. sogar 986 unbezahlte Überstunden geleistet.

In den Wochen vor dem Streik hatte die Unia versucht, mit Hoss ins Gespräch zu kommen. Sie verlangte einen Gesamtarbeitsvertrag mit regulären Arbeitsbedingungen. Solche aber hätten den Profit der Primula AG geschmälert. Die Firma verrechnete den Kunden gut und gerne 20 000 Franken pro Monat für umfassende 24-Stunden-Pflegeleistungen. Den Angestellten zahlte sie aber weder anständige Löhne und Spesenentschädigungen noch den in der Branche üblichen 13. Monatslohn. Hoss zeigte sich renitent. Erst versuchte er, sich die Gewerkschaft mit Vorwänden vom Hals zu halten. Er schützte Terminprobleme mit einem angeblichen Auslandaufenthalt vor, was aber nachweislich nicht stimmte. Als dann ein Treffen unausweichlich wurde, war er nicht bereit, Hand zu einem Gesamtarbeitsvertrag mit Nägeln und Köpfen zu bieten. Richtschnur für die Unia war der GAV mit dem Seniorenbetreuungsverband «Zu Hause leben». Dieser Vertrag galt aber nicht für Firmen wie die Primula AG, die neben reinen Betreuungs- auch Pflegeleistungen anbieten. Im nichtmedizinischen GAV waren Mindestlöhne von 22 Franken pro Stunde sowie Zulagen für Nacht- und Wochenendarbeit festgelegt.

Jetzt reicht's!

In den Medien erschienen Berichte über das ausbeuterische Geschäftsmodell bei der Privatspitex. Der *Blick* rückte am 4. Mai 2014 die beiden Pflegerinnen Anna Borejsza und Grazia Dydymska aus Polen mit dem Titel «Wir wurden schamlos ausgenützt» ins Zentrum. Das Boulevardblatt sprach von einem «Pflege-Skandal». Die betroffenen Primula-Mitarbeiterinnen waren zum Streik bereit. Auf dem Unia-Sekretariat in Zürich trafen sie sich zur Besprechung der Strategie. Die Losung hiess «Jetzt reicht's!». Der Streik begann am 13. Juni 2014. Mehr als die Hälfte der Angestellten machte mit. Weil es in der Privatspitex noch kaum je einen Streik gegeben hatte, erregte der Protest grosse Aufmerksamkeit in der Öffentlichkeit. Unia-Sprecher Lorenz Keller hielt zum Streikauftakt in der Medienmitteilung fest, dass die Primula AG die Verhandlungen über einen Gesamtarbeitsvertrag mit klaren und fairen Regeln für die Arbeitsbedingungen abgebrochen habe. Deshalb hätten die Angestellten die Arbeit niedergelegt: «Die Betroffenen können und wollen sich das nicht mehr länger bieten lassen.» Keller wies auch darauf hin, dass der Firmenchef die ausstehenden Löhne für die Überstunden nicht beglichen habe.

Das waren die Fakten. Den Medien wollte Hoss trotzdem weismachen, dass seine Löhne «nicht inakzeptabel tief» seien. Seine Firma war dem Verband Spitex Privée Suisse angeschlossen. Dieser wehrte sich mit Händen und Füssen gegen einen GAV. Präsident Rudolf Joder, damals

SVP-Nationalrat, geriet durch den Fall Primula in Bedrängnis und sagte, man wolle keine schwarzen Schafe im Verband. Hoss war so dreifach unter Druck: von den streikenden Angestellten, vom eigenen Verband und von der Öffentlichkeit, die erstaunt von einem Streik ausgerechnet an Zürichs Goldküste erfuhr.

Für Adrian Durtschi, damals nationaler Teamleiter Pflege bei der Unia, ist der Fall Primula ein Musterbeispiel für die Ausbeutung von Migrantinnen im unregulierten Care-Bereich. Dieser Streik habe deshalb eine besondere Bedeutung. Durtschi kannte den Verband Spitex Privée Suisse. Die Unia hatte ihn bereits ins Visier genommen. Mitte Mai 2014 standen Unia-Vertreter vor der Tür von Verbandspräsident David Wüest-Rudin und überreichten ihm symbolisch einen Kaktus. Die Forderung: Der Verband solle dem GAV für die nichtmedizinische Betreuung beitreten und so für anständige Arbeitsbedingungen sorgen. Wüest-Rudin gab sich laut Medienberichten unwissend und meinte, die Unia sei an der falschen Adresse. Man habe bereits einen hauseigenen «Basisvertrag», bei dem die Arbeitseinsätze stundengenau abgerechnet werden müssten. Laut Durtschi handelte es sich bei dieser «Basler Lösung» jedoch um ein einseitiges Arbeitgeberdokument, das ohne die Mitwirkung der Gewerkschaften zustande gekommen war.

Einigung nach zwei Wochen Streik

Insgesamt dauerte der Streik bei der Primula AG rund zwei Wochen. Die Streikenden brachen ihren Kampf erst am Termin vor dem Zürcher Einigungsamt am 27. Juni ab. Dort kam es dann zu einer Einigung. Oder besser gesagt: Der Spitex-Unternehmer kapitulierte auf der ganzen Linie. Das Lösungspaket sah ein verbindliches Lohnsystem mit abgestuften Mindestlöhnen vor (22 Franken Stundenlohn für Ungelernte ohne Berufserfahrung, 25 Franken für Gelernte und 27.50 Franken für Mitarbeitende mit einem anerkannten Abschluss). Zudem wurde ein 13. Monatslohn festgelegt, die Wochenarbeitszeit auf 42 Stunden reduziert und voller Lohnersatz bei kurzfristigen Absagen fixiert. Für den Unia-Verantwortlichen im Streik, Florian Keller, der Beweis, dass faire Arbeitsbedingungen auch in der Privatspitex betriebswirtschaftlich umsetzbar sind. Diese Lösung passte dem gewerkschaftsfeindlichen Dachverband jedoch nicht. Er liess im Nachgang verlauten, bilaterale Abkommen mit der Unia seien «unnötig, sofern das Arbeitsrecht eingehalten» werde.

Bis heute wehrt sich der Privatspitex-Dachverband gegen einen Gesamt-arbeitsvertrag. «Dieser Verband ist total ideologisiert», sagt Adrian Durt-schi. Derzeitiger Präsident ist der rechtsgerichtete Solothurner CVP-Ständerat Pirmin Bischof. Trotz Widerstand konnte der Verband aber nicht verhindern, dass seine Mitgliedsfirmen einem GAV unterstellt wurden, nämlich dem neuen Temporär-GAV. Laut einem Bundesge-richtsurteil brauchen private Care-Firmen eine Verleihbewilligung, weshalb bei ihnen der Temporär-GAV mit seinen Mindeststandards greift. Für Durtschi ist dies aber nur ein erster Schritt: «Das Ziel muss ein eigener GAV für die Privatspitex sein.» Der Primula-Streik erzeugte in der Öffentlichkeit nicht nur ein Bewusstsein für die prekären Bedingungen, unter denen Care-Migrantinnen arbeiten müssen, sondern er gab auch den Anstoss zur gewerkschaftsinternen Mobilisierung. Nachdem die Unia in Genf und auch im Tessin bereits Care-Migrantinnen organisiert hat, existiert nun auch in der Deutschschweiz eine osteuropäische Grup-pe, die den gewerkschaftlichen Aufbau in dieser stark individualisierten Branche mit einigen Tausend Mitarbeitenden vorantreibt.

«Streiken und Gewinnen geht auch im Care-Sektor!» – dies ist für Durt-schi die Hauptbotschaft des Primula-Streiks. Der Fall habe die landläu-fige Meinung Lügen gestraft, dass ein Arbeitskampf in einer solchen Branche nicht möglich und schon gar nicht zu gewinnen sei. Die Bedeu-tung des Streiks am Zürichsee reiche sogar über die Landesgrenzen hinaus. Es sei ihm in ganz Europa kein solcher Arbeitskampf von Care-Migrantinnen bekannt. Lediglich in den USA habe es schon ähn-liche Kämpfe im Betreuungssektor gegeben, die die engagierte Dienst-leistungsgewerkschaft SEIU (Service Employees International Union) ausfechten half.

Ralph Hug

Branche	Bauhauptgewerbe
Ort	gesamte Schweiz
Anzahl Streikende	jeweils 8000 bis 15 000 Personen
Grund	vorzeitiger Altersrücktritt; Sicherung der Errungenschaften des GAV
Datum	4. November 2002; Oktober/November 2007; 10.–12. November 2015
Dauer	meist 1 Tag

Bau

Schweizweite Streiks

«Ohne uns
geht nichts!»

Schweizweite Streiks

«Ohne uns geht nichts!»

Der Bau ist eine Branche, in der Mobilisierungen am Arbeitsplatz auch in Zeiten von Hochkonjunktur nie ganz zum Erliegen gekommen sind. Die Immobilien- und Baukrise ab 1991 hatte jedoch einen starken Aderlass zur Folge. 30 Prozent der Arbeitsplätze wurden in der Branche abgebaut, nur selten kam es dagegen zu Arbeitskämpfen, da den Bauunternehmungen offensichtlich Aufträge fehlten. Die Gewerkschaft machte sich vor allem für den Erhalt des Landesmantelvertrags (LMV) stark, des Gesamtarbeitsvertrags, der dank Allgemeinverbindlichkeitserklärung für die ganze Branche gilt. Ein Ziel der 1992 neu gebildeten Gewerkschaft Bau und Industrie (GBI) war es aber von Anfang an gewesen, auf dem Bau wieder eine Mobilisierungskraft aufzubauen. Ab Mitte der 1990er-Jahre wurden – insbesondere bei Vertragserneuerungen – vermehrt Aktionstage organisiert. Neben dem Präsidenten der GBI, Vasco Pedrina, engagierte sich ab 2000 auch der neue nationale Verantwortliche für den Bau, Hansueli Scheidegger, für ein kämpferisches Vorgehen. Diese Erfahrungen waren eine Voraussetzung für den grossen Kampf um die Vorpensionierung.

2002: Streik für Rentenalter 60

Im Jahr 2002 rollte die grösste Streikbewegung seit Jahrzehnten durch die Schweiz: der Kampf der Bauarbeiter ums Rentenalter 60. Am 4. November legten 15 000 Bauarbeiter den Pickel weg. Es war ein historisches Datum. Seit mehr als fünfzig Jahren hatte es auf dem Bau keinen gesamtschweizerischen branchenweiten Streik mehr gegeben. In diesem Ereignis kulminierte die jüngere helvetische Streikgeschichte – und es wurde ein voller Erfolg. Schon einen Monat später war ein Gesamtarbeitsvertrag unterzeichnet, und am 1. Juli 2003 trat der flexible Altersrücktritt (FAR) in Kraft. Diesem sozialpolitischen Grosserfolg war ein jahrelanger Konflikt mit dem Baumeisterverband um die Frühpensionierung vorausgegangen.

Das Rentenalter 60 war ein altes gewerkschaftliches Postulat. Es lag schon in den frühen 1990er-Jahren auf dem Verhandlungstisch. Ein erster Anlauf für einen Altersfonds für Teilpensionierungen scheiterte angesichts der Immobilienkrise 1992. Auch der zweite Anlauf 1998 schlug fehl. Die Baumeister boten nur Hand für ein Pilotmodell zur Altersteilzeit im Bauhauptgewerbe. Wegen der hohen Kosten nahmen es aber nur wenige Bauarbeiter in Anspruch. «Nach zehn Jahren Kampf standen wir mit leeren Händen da», resümierte der damalige GBI-Präsident Vasco Pedrina. Der Frust war unter den Bauarbeitern weit verbreitet. Bei den

Gewerkschaften dämmerte es, dass es diesmal ohne einen offenen Arbeitskampf nicht gehen würde.

Die Kampagne für das Rentenalter 60 auf dem Bau begann im Sommer 2000 mit einem speziellen Thema, der «tödlichen Ungleichheit». Das Genfer Arbeitsinspektorat hatte eine Studie zur Sterblichkeit publiziert. Darin kam man zum Schluss, dass Menschen, die schwere körperliche Arbeit verrichten, mehrere Jahre früher sterben als z. B. Menschen in akademischen Berufen. Für einen Bauarbeiter zwischen 45 und 65 Jahren war das Todesrisiko dreimal höher als etwa bei Lehrern oder Architekten. 40 Prozent der Bauarbeiter, so ein Befund, wurden invalid, bevor sie 65 Jahre alt waren. Diese erschreckenden Zahlen rüttelten eine breite Öffentlichkeit auf. Und sie verliehen der Forderung nach einem früheren Rentenalter für die Bauleute viel Sympathie und eine hohe Plausibilität.

Der Wille, jetzt aufs Ganze zu gehen, war unter den Bauarbeitern ausgeprägt und eine wichtige Voraussetzung für die Mobilisierung. In einer

Umfrage im April 2001 unter 4000 Beschäftigten im Rahmen der Vorbereitung der Verhandlungen zum Landesmantelvertrag (LMV) nannten
fast zwie Drittel die frühzeitige Pensionierung als wichtigstes Anliegen,
und sie waren auch bereit, dafür einen finanziellen Beitrag zu leisten.
Die Leitung der GBI rückte deshalb diese Forderung – die Gesundheit der
Bauarbeiter und ein würdiges Leben nach der Pensionierung – in den
Mittelpunkt der Bewegungsführung. Im Herbst 2001 und anfangs 2002
wurden in der ganzen Schweiz dezentrale Aktionstage organisiert. An
einer nationalen Demo im März 2002 machten in Bern 12 000 Bauarbeiter dem Baumeisterverband (SBV) den Ernst der Lage klar. Der Verband
unterzeichnete daraufhin eine erste Vereinbarung über Eckwerte für die
Frühpensionierung: schrittweise Einführung der Rente ab 60, Rentenhöhe von 80 Prozent des letzten Bruttolohns und Finanzierung mehrheitlich durch Arbeitgeberbeiträge. Die Hardliner im SBV betrieben jedoch Obstruktion. Sie brachten im Juni die Delegiertenversammlung
der Baumeister dazu, die Vereinbarung zu widerrufen. Dies spielte den
Gewerkschaften das Argument des Vertragsbruchs in die Hand. Die Zeichen standen auf Sturm.

Nun begann die ganz heisse Phase mit der Planung eines nationalen
Streiktags im Bau im Herbst 2002. Hansueli Scheidegger wurde als
Streikleiter in der Deutschschweiz und Jacques Robert in der Westschweiz bestimmt. 20 Millionen Franken standen in der Streikkasse zur
Verfügung. Der Plan sah eine Reihe von dezentralen Warnstreiks vor. Ein
erster fand am 4. Oktober 2002 auf einer Implenia-Baustelle in Freien-
bach (SZ) statt. Der Baukonzern setzte Streikbrecher ein. Die «Aktion
Risibisi» richtete sich gezielt gegen den SVP-Politiker Adrian Risi, einen
der Hardliner im SBV. Die GBI machte ihn persönlich für den Vertragsbruch mitverantwortlich. «Baumeister Risi will Bauarbeiter um Rentenalter prellen», hiess es in GBI-Inseraten. Risis Kieswerk wurde blockiert.
Die Polizei fuhr auf und nahm die Personalien von rund sechzig Protestierenden auf. Risi reichte Strafanzeige ein. Die gerichtlichen Folgen der
Aktion dauerten Jahre und endeten vor Bundesgericht damit, dass die
Gewerkschafter die Gerichtskosten übernehmen mussten, aber nicht
bestraft wurden.

Der nationale Streiktag war auf den 4. November 2002 angesetzt. Die GBI
richtete in Zürich im 6. Stock ihres Hauptsitzes an der Strassburgstrasse
eine Streikzentrale ein. Erstmals operierte die Gewerkschaft mit Mas-
sen-SMS auf die Mobiltelefone der Funktionärinnen und Funktionäre

vor Ort. Man installierte eine Telefonzentrale mit zehn Linien, die ab morgens 5 Uhr permanent besetzt war. Auch RechtsanwältInnen standen für Konfliktsituationen zur Verfügung.

Am Streiktag stellten Bauarbeiter Plakate auf: «Hier wird heute gestreikt! Für das Rentenalter 60 auf dem Bau». In Zürich fand eine grosse Demonstration statt. «60 Jahre sind genug» verkündete das Transparent an der Spitze des Zuges. In Bern, Bellinzona, Lausanne und Genf dominierten die Farben gelb und rot auf den Strassen – gelb die Helme, rot die GBI-Fahnen. Schon um 11 Uhr war in der Streikzentrale klar, dass das Mobilisierungsziel von 10 000 streikenden Büezern erreicht war. Die Gewerkschaften schätzten am Schluss sogar doppelt so viele Streikende.

Die spektakuläre Baregg-Blockade

Mehr noch als die Demos in den Städten sorgte am 4. November die Blockade des Baregg-Tunnels der Autobahn A1 für Gesprächsstoff. Diese Aktion war der symbolische Höhepunkt des Streiktags mit der Botschaft der Bauarbeiter: «Ohne uns geht nichts!» Der Plan einer Tunnelbesetzung war nicht ohne Risiko, ist doch der Baregg ein berüchtigtes Nadelöhr im Verkehrssystem. Staus sind dort an der Tagesordnung. Eine Blockade hätte schnell in ein grossräumiges Verkehrschaos münden können. GBI-intern wurde die Idee kontrovers diskutiert. Man einigte sich auf eine begrenzte Aktion von einer halben Stunde mit flankierenden Massnahmen zur Unfallverhütung. Ein detaillierter Plan stellte den Transport der Bauarbeiter mit Cars und Bussen zu beiden Seiten des Tunnels sicher. Die Blockade wurde unter strengster Geheimhaltung vorbereitet. Ein Team sondierte vorgängig die Situation auf einer klandestinen Erkundungsfahrt. Die GBI-Leute legten sogar eine falsche Fährte, um jede Intervention auszuschliessen: Sie kündigten in Olten eine Demo an und holten die Bewilligung ein. Die Behörden würden glauben, es sei die Schlusskundgebung, und keinen Verdacht schöpfen, wenn Busse anrollten.

Die Aktion mit 2000 Bauarbeitern klappte nach Drehbuch, dauerte aber dreimal so lange wie vorgesehen. Denn niemand hatte daran gedacht, den Tunnel auch für die Streikenden zu sperren. Sie liefen weit in den Tunnel hinein, um ihre Kollegen von der andern Seite zu treffen. «Wer hat alles gebaut? Wir, wir, wir!», skandierten sie. Bis alle wieder aus dem Tunnel herausgeholt waren, war bereits ein Stau von 20 Kilometern

Länge entstanden. Der Ärger eines Teils der Autofahrer war gross. In den Medien erregte die Baregg-Blockade viel Aufmerksamkeit. Ein allenfalls befürchteter Umschwung in der öffentlichen Meinung gegen den Streik trat jedoch nicht ein. Zu gross waren die Sympathien für die schwer arbeitenden Büezer, die auf der Strasse für einen würdigen Lebensabend kämpfen mussten. Für die Beteiligten war die spektakuläre Aktion eine ausserordentliche Erfahrung. «Der Baregg ist eines der grossen Ereignisse, die ich erlebt habe», erklärt Giovanni d'Incau rückblickend, der 46 Jahre auf dem Bau verbrachte. Und Baumaschinenführer Alex Briner sagt: «Als die Busse auf der Autobahn anhielten, ist es mir schon etwas kalt den Rücken heruntergelaufen.»

Die Tunnelblockade hatte ein jahrelanges juristisches Nachspiel. Die Staatsanwaltschaft des Kantons Aargau ermittelte gegen den GBI-Präsidenten Pedrina und weitere Mitglieder der GBI-Geschäftsleitung sowie gegen mehrere Dutzend Beteiligte. Sie hatten vorgängig für die gesamte Aktion die Verantwortung übernommen, um die Bauarbeiter vor der Justiz abzuschirmen. Das Bezirksamt Baden verurteilte sie im April 2005

u. a. wegen Nötigung sowie Störung des öffentlichen Verkehrs zu einer Freiheitsstrafe von zwanzig Tagen bedingt plus einer Busse von 500 Franken. Andere Verfahren wurden eingestellt.

In letzter Instanz urteilte im April 2008 das Bundesgericht. Mit drei gegen zwei Stimmen lehnte es die Beschwerde der GBI ab und bestätigte damit das Urteil der Vorinstanz. Am Prozesstag begleiteten mehrere Bauarbeiter die Angeklagten. Sie hatten bereits von der Frühpensionierung profitieren können. Auf ihrem Transparent hiess es: «Rentenalter 60 haben wir am Baregg erkämpft. Streiken lohnt sich!»

Dass auch anders geurteilt werden kann, bewiesen die St. Galler Strafbehörden. Diese hatten mehrere Verfahren wegen Nötigung, die gegen protestierende GBI-Leute hängig waren, eingestellt. Die Gewerkschafter hatten die Zufahrt zur Autobahn A13 in Buchs (SG) für eine Dreiviertelstunde blockiert, was ebenfalls zu kilometerlangen Rückstaus geführt hatte. Die Polizei musste den Verkehr umleiten. Die Protestaktion sei im Rahmen eines verfassungskonformen Streiks zu beurteilen, meinte das Gericht in der Begründung. Die Beschränkung der Handlungs- und Willensfreiheit von Autofahrern sei nicht rechtswidrig gewesen.

Schon einen Tag nach dem Streik sassen die Gewerkschaften und der Baumeisterverband wieder am Verhandlungstisch. Der Widerstand des SBV war gebrochen. Es ging nur noch um die Modalitäten des flexiblen Altersrücktritts (FAR). Auch den Baumeistern war nach dem überwältigenden Erfolg des Protesttags klar geworden, dass sie Ja zur Frühpensionierung sagen mussten. Die Einigung kam am 11. November in Verhandlungen hinter den Kulissen zustande. Tags darauf unterzeichneten beide Parteien den FAR-Gesamtarbeitsvertrag. Er trat ab Juli 2003 definitiv in Kraft. Die Rente mit 60 wurde schrittweise eingeführt: 63 im Jahr 2003, 62 im Jahr 2004 und 60 im Jahr 2005. Die Rentenhöhe betrug 70 Prozent des letzten Jahreseinkommens plus ein Sockelbetrag von 6000 Franken. Die maximale Rente deckte 80 Prozent des letzten Lohns, der damals bei höchstens 5400 Franken lag.

Der durchschlagende Erfolg des grössten Streiks seit Jahrzehnten in der Schweiz war nicht nur der Entschlossenheit der Bauarbeiter und einer professionellen Kampagnenführung zu verdanken. Auch die Sympathien der Bevölkerung für die Bauarbeiter waren entscheidend. Diese brachte dem Anliegen viel Goodwill entgegen. Auch das Ausland registrierte den Streik. Der Arbeitskampf fiel auf, weil die Schweiz als sehr streikarmes Land gilt. So titelte die *New York Times:* «Swiss workers, out of practice, go on strike». Die Bilder von streikenden Eidgenossen gingen um die Welt. Im Rückblick wird das Rentenalter 60 auf dem Bau zu einer historischen Errungenschaft der Arbeiterbewegung. Es ist nur mit anderen sozialpolitischen Meilensteinen vergleichbar, etwa der Einführung der ersten bezahlten Ferienwoche im Jahr 1944 (die ebenfalls auf dem Bau erkämpft wurde), der Fünftagewoche im Jahr 1962 oder des 13. Monatslohns im Jahr 1973. Mario Renna, einer der damals Streikenden, meint denn auch: «Die Frühpensionierung ist einmalig auf der Welt. Die Jungen sollen dazu Sorge tragen.»

In den Jahren nach 2002 kehrte auf Branchenebene etwas Ruhe auf dem Bau ein. Auf einzelnen Baustellen – u. a. im Tunnelbau – kam es aber erneut zu Konflikten, insbesondere bei Fällen von Lohndumping und Gesundheitsgefährdung.

2007: Streik gegen einen LMV light

Im Mai 2007 kündigten die Baumeister den Landesmantelvertrag. SBV-Präsident war damals der Thurgauer FDP-Hardliner Werner Messmer. Sein erklärtes Ziel war die Deregulierung des Vertrags («LMV light») und darüber hinaus die Zurückbindung der ihm verhassten Gewerkschaftsmacht. Nach der «Niederlage» bei der Rente mit 60 wollte man wieder zeigen, wer in der Branche das Sagen hat. Der Kündigung waren ergebnislose Gespräche und schliesslich ein Abbruch der Verhandlungen vorangegangen. Der Konflikt schwelte aber schon länger. Zwei Jahre zuvor hatte der SBV einen deregulierten LMV präsentiert, den die Gewerkschaften natürlich ablehnten. Weil die wichtige Abstimmung über die Personenfreizügigkeit anstand, wurde der Konflikt vertagt und der bisherige Vertrag verlängert.

Strittig waren insbesondere Fragen zur Arbeitszeit. Etwa, ob ausgefallene Stunden als später nachzuarbeitende «Minusstunden» angerechnet werden können. SBV-Präsident Messmer proklamierte einseitig, dass die Baumeister keinen Vertrag ohne 80 Minusstunden unterzeichnen würden. Dieser Konfrontationskurs erhielt Sukkurs von SVP-Chef Christoph Blocher. Er empfahl den Baumeistern, es doch mal ohne Gewerkschaften und Vertrag zu versuchen. Notorische Rechtsausleger wie der Glarner Ständerat und Bauunternehmer This Jenny stimmten ihm zu. Die Unia rief zur Verteidigung des LMV auf und organisierte erste Demonstrationen, etwa am «Tag der Bauwirtschaft». 17 000 Bauarbeiter bekundeten Ende September 2007 an einer Demo in Zürich ihre Bereitschaft zum Streik. Ab Oktober herrschte auf dem Bau der vertragslose Zustand. Nun verteidigten die Bauarbeiter grundlegende Errungenschaften, die letztlich nur durch den LMV gesichert waren, wie den 13. Monatslohn, die gute Lohnfortzahlung im Krankheitsfall oder die Mindestlöhne. Rollende Streiks in Genf und Kreuzlingen sollten die Baumeister zur Vernunft bringen, nachdem am Verhandlungstisch die Ergebnisse ausblieben. Zwischen Oktober und November streikten über 8000 Bauarbeiter für einen substanziellen LMV. Auf der Berner Neufeldtunnel-Baustelle trug Benedetto Chilelli ein T-Shirt mit dem Aufdruck «Stop Messmer». Er sagte: «Wir sind mit Messmer nicht zufrieden. Wir wollen wieder einen Vertrag.»

Bauarbeiterstreik in Genf

Den 15. Oktober 2007 verbrachten praktisch alle Bauarbeiter in Genf mit einem weissen Baseballcap mit der Aufschrift «Grève» auf dem Kopf. Massenhaft legten sie an jenem Tag die Arbeit nieder, um die Arbeitgeber zu zwingen, einen neuen Gesamtarbeitsvertrag zu unterzeichnen. Nach Angaben der Polizei und der Organisatoren bewegten sich von 8 bis 13 Uhr nicht weniger als 4000 Demonstranten protestierend durch die Strassen. Fast alle Baustellen standen still, wie Unia, Syna und die Gewerkschaft SIT zu Beginn der Kundgebung erfreut feststellen durften. Auf den Baustellenabschrankungen der Stadt prangten rote Plakate mit der Aufschrift «En grève». Die Gewerkschaftsteams hatten sie am frühen Morgen angebracht, als sie die Baustellen besuchten, um den Streik zu eröffnen. Zahlreiche Gewerkschafter und Maurer, die sich zum Kundgebungsabmarsch versammelt hatten, berichteten, dass die Chefs und Patrons in der vorangegangenen Woche «starken Druck» ausgeübt hätten, um sie von der Teilnahme an der Kundgebung abzuhalten. Riesige Spruchbänder wurden auch an den Abschrankungen einer Kirche, auf der Ile Rousseau und am Eingangstor der alten Post von La Jonction aufgehängt.

Der Protestmarsch setzte sich in Bewegung, überquerte die Rhone und stieg zum Stadthaus hinauf. Eine Delegation von Streikenden traf dort den Regierungsrat für Beschäftigung, François Longchamp, und übergab ihm eine «Déclaration au Conseil d'Etat». Die Erklärung wies darauf hin, dass bei einem fehlenden Gesamtarbeitsvertrag im Bausektor die Gefahr des Lohn- und Sozialdumpings bestehe. Im Wissen um das Problem erklärte der Staatsrat daraufhin, welche Schutz-

massnahmen die Regierung getroffen habe. Der harte Brocken stand jedoch noch bevor.

Der Umzug setzte sich erneut in Bewegung und gegen 10.30 Uhr erreichten die Teilnehmer die Mont-Blanc-Brücke, die sie bis 13 Uhr vollständig besetzten, was den Verkehr in der Innenstadt beeinträchtigte. «Die Arbeiter haben viel Zeit gebraucht, um diese Brücke zu bauen, jetzt bleiben wir einen Moment hier», meinte ein Gewerkschafter am Mikrofon. Die Organisatoren nutzten die Zeit, um «Streikquittungen» im Wert von 120 Franken zu verteilen. Diese sollten den Streikteilnehmern erlauben, ihren Lohnausfall aus der Streikkasse der Gewerkschaft zu decken. Dank der nummerierten Formulare konnte die Zahl der Streikenden genau ermittelt werden. Bei insgesamt 4800 Branchenbeschäftigten wurden ungefähr 3200 «Streikgutscheine» ausgegeben; mindestens zwei Drittel der Bauarbeiter hatten also am Streik teilgenommen.

Nach einem Imbiss konnte endlich die Streikversammlung auf der Brücke stattfinden. In französischer, portugiesischer und albanischer Sprache legten die Gewerkschafter die Gründe für die Wut der Bauarbeiter dar. «Wir werden so lange Streiks durchführen, bis der Schweizerische Baumeisterverband auf seine Bedingungen für die Unterzeichnung eines neuen Gesamtarbeitsvertrags verzichtet, bis er auf die Flexibilisierung der Arbeitszeit verzichtet und einwilligt, unseren Vertrag zu erneuern», wiederholten sie eindringlich. Diesem Ansinnen konnten die Streikenden nur mit einem entschlossenen Arbeitskampf entgegentreten. Per Abstimmung, signalisiert durch das Erheben der Mützen, beschloss die Versammlung, dass der nächste Streik in Genf zwei Tage dauern würde.

Michel Schweri

Hohe Wellen schlug ein 24-stündiger Warnstreik auf den Neat-Baustellen, der die Bauarbeiten lahmlegte. Der Streikleiter bei der Unia war wiederum Hansueli Scheidegger. Zum Vorwurf, die Streikaktionen seien illegal, meinte Scheidegger cool: «GAV bedeutet Friedenspflicht – kein GAV keine Friedenspflicht.» Messmer geriet mit seiner kompromisslosen Haltung unter Druck. Nicht zuletzt trugen Signale aus der Politik dazu bei, dass sich SBV und Gewerkschaften auf einen Mediationsprozess unter der Leitung des ehemaligen SECO-Direktors Jean-Luc Nordmann einigten. Von Unia-Seite war Co-Präsident Andreas Rieger beteiligt. Kurz vor Weihnachten akzeptierten die Verhandlungsdelegationen einen neuen LMV mit einer Arbeitszeitregelung, Lohnerhöhungen und einem paritätischen Fonds für Bildung und Vertragsvollzug. Doch dann wiesen die Baumeister im Januar 2008 den erzielten Kompromiss überraschend zurück. Rieger warf Messmer Vertragsbruch vor, weil dieser den Kompromiss mit einem Ablehnungsantrag vor die Basis gebracht hatte, anstatt sich wie vereinbart um Zustimmung zu bemühen. Die Folge waren weitere Protestaktionen im Frühling 2008 in der ganzen Schweiz unter der Losung «Ohne LMV kein Frieden auf dem Bau!».

Es kam schliesslich zu einer zweiten Mediationsrunde. Im April 2008 wurde der siebenmonatige Konflikt beigelegt. SBV und Gewerkschaften stimmten einem Vertrag mit einer beschränkten Arbeitszeitflexibilität und einem Bildungsfonds zu. Der Kampf gegen den von den Baumeistern verordneten «LMV light» war für die Unia ein Defensiverfolg gegen den Deregulierungsversuch der Arbeitgeber. Dies gab dem SBV zu verstehen, dass ein Ausstieg aus der Sozialpartnerschaft und eine gewerkschaftsfeindliche Durchmarschstrategie keine zukunftsträchtige Option sein würde. Sogar im Baublatt warnte ein ehemaliger Verbandssekretär davor, den Gewerkschaften öffentlich den guten Willen abzuerkennen: «Das Risiko ist hoch, dass die SBV-Spitze damit entweder grandios scheitert oder vor der Macht des Faktischen klein beigeben muss.»

Erneut kehrte danach auf Branchenebene für einige Jahre Ruhe auf den Baustellen ein, etwas unterbrochen durch mehrere Arbeitskonflikte im Zusammenhang mit Lohndumping.

2015: Rettung der Rente mit 60

Im Jahr 2015 stand die Neuverhandlung des Landesmantelvertrags im Bauhauptgewerbe an. Die Unia führte im Vorfeld eine Befragung ihrer Mitglieder durch. Auf der Agenda ganz oben standen ein besserer Schutz bei Schlechtwetter, die Eindämmung überlanger Arbeitstage sowie eine bessere Anerkennung der Berufserfahrung.

In der Folge rückte aber immer mehr die Sicherung der Rente mit 60 in den Vordergrund. Der erfolgreiche Fonds zur Frühpensionierung drohte aus dem Lot zu geraten und benötigte dringend eine finanzielle Stabilisierung durch höhere Beiträge. Die Gewerkschaften erwarteten vom Wechsel im SBV-Präsidium von Werner Messmer zum Tessiner Gian-Luca Lardi leichtere Verhandlungen. Doch sie wurden enttäuscht. Lardi stand im eigenen Lager unter Druck, sich nicht «erpressen» zu lassen, und zeigte kaum Kompromissbereitschaft. Die Gesprächsrunden blie-

ben wie zu Messmers Zeiten blockiert. Die Gewerkschaften warfen Lardi vor, die Rente mit 60 torpedieren zu wollen. Der neue Unia-Bauchef Nico Lutz warnte: «Lardi spielt mit dem Feuer.»

Um Druck aufzusetzen, lancierte die Unia im Anschluss an die «Bau-Landsgemeinde» – ein bereits Tradition gewordener Anlass mit rund 300 Vertrauensleuten – vom April 2015 eine Kampagne für einen LMV mit mehr Schutz und für die Sicherung der Rente mit 60. Da die Fronten verhärtet blieben, riefen die Gewerkschaften für den 27. Juni zu einer denkwürdigen Grossdemo in Zürich auf. Rund 15 000 protestierende Bauarbeiter besetzten an diesem Samstagvormittag die Zürcher Innenstadt. Diese war während der Zeit der Kundgebung für Autos gesperrt, für die Trams gab es Umwege. Die Büezer demonstrierten Entschlossenheit. Heinz und Ferdinand Wyder, zwei Brüder aus Bern, sagten: «Das Rentenalter 60 ist wichtig für uns, es muss bleiben.» Die Demo war laut und hatte Volksfestcharakter. Zum Abschluss gab es auf dem Helvetiaplatz ein besonderes Spektakel mit einem Riesenplakat, das an der Fassade eines Bürogebäudes heruntergelassen wurde: «Gemeinsam kämpfen. Mehr Schutz, Stopp Lohndumping, Rente mit 60.»

Im November folgten streikähnliche Protesttage im ganzen Land, an denen nach Unia-Angaben 10 000 Bauarbeiter teilnahmen. Den Auftakt machten Proteste im Tessin am 10. November, gefolgt von Aktionen in der Deutschschweiz tags darauf sowie am 12. November in der Romandie. Am Sitz des SBV in Zürich mauerten Bauarbeiter symbolisch die Zahl 60 ein. Das Rententhema war nun vor allen übrigen Forderungen ins Zentrum gerückt. Aber auch der Schutz gegen Lohndumping hatte als Forderung vor dem Hintergrund wachsender Missbrauchsfälle an Brisanz gewonnen. Die Protestaktionen waren offiziell nicht als offene Streiks, sondern als arbeitsstörende Massnahme sowie als «Bezug von Überzeit» deklariert. Sie sollten die Bereitschaft der Bauarbeiter dokumentieren, notfalls auch die Arbeit ganz niederzulegen, falls die Verhandlungen ohne Ergebnis blieben. Über allem drohte zudem der vertragslose Zustand ab 2016.

Im Dezember 2015 kam dann der Durchbruch. Unia und Syna einigten sich mit dem SBV auf einen neuen LMV mit geringen Anpassungen, darunter das Verbot von Lohnauszahlungen in bar sowie eine leicht erhöhte Mittagsentschädigung. Die Hauptsache aber war die Sicherung der Frühpensionierung mit 2 Prozent höheren Beiträgen, wovon die

Erfolgreicher Streiktag im Tessin

«Heute haben wir die Vorspeise serviert. Wenn die Arbeitgeber nicht auf ihre Position zurückkommen, werden wir uns Anfang des nächsten Jahres wieder hier sehen, bei einem gesamtschweizerischen Streik.» Mit dieser Warnung an die Arbeitgeber endet die Grosskundgebung der Gewerkschaft, die anlässlich des kantonalen Streiktags der Bauarbeiter am 9. November 2015 in Bellinzona stattfand.

Der Tag war ein historischer Erfolg, einerseits zahlenmässig – 90 Prozent der Baustellen waren geschlossen und über 3000 Beschäftigte gingen auf die Strasse –, andrerseits was die Kraft der Botschaft, den Mut und die Geschlossenheit der teilnehmenden BauarbeiterInnen anbelangt.

Auf dem Spiel stand der Landesmantelvertrag, die einmalige Errungenschaft der frühzeitigen Pensionierung mit 60 Jahren.

Dass die Mobilisierung ein Erfolg werden würde, war keineswegs sicher, denn die Umstände waren schwieriger als 2002. Im vergangenen Jahrzehnt hat sich die Struktur der Tessiner Baustellen radikal verändert: Festangestellte sind inzwischen rar geworden, an ihre Stelle sind Leiharbeitnehmer von Temporärfirmen und entsandte Arbeitnehmer mit Verträgen für neunzig Tage getreten; dazu kommt noch das Problem der Schwarzarbeit. Die Arbeitsrealität bricht immer stärker auseinander und hintertreibt den Geist der Einheit und den Mut, für die eigenen Rechte zu kämpfen.

Doch an diesem Tag folgen viele dem Mobilisierungsaufruf der Gewerkschaft: Ein Zeichen, dass die Risse unter der Arbeiterschaft gekittet werden? «Im Grunde sind wir alle mit den gleichen Problemen konfrontiert, ungeachtet der unterschiedlichen Erfahrungen und des Sta-tus», meint ein Maurer mittleren Alters, der neben einem kaum 20-jährigen, temporär beschäftigten Kollegen demonstriert. Dieser wiederum fühlt sich als «vollwertiges Mitglied» in seiner Arbeitswelt und als solches «in der Pflicht, sich an diesem Kampf zur Verteidigung eines mühsam errungenen Rechts der älteren Kollegen zu beteiligen». Der Angriff der Bauunternehmer auf die Frühpensionierung schweisst die Arbeitnehmer so noch stärker zusammen.

Man weiss, dass es sich «um eine der grössten Errungenschaften der Gewerkschaftsbewegung in den letzten Jahrzehnten handelt, vergleichbar mit der Einführung der Fünftageswoche oder des 13. Monatslohns. Eine Errungenschaft, die wir unter gar keinen Umständen preisgeben können», betont ein Arbeitnehmer und langjähriger Gewerkschafter, der besonders «stolz» ist auf die beispielhafte Mobilisierung im Tessin. Sie sei Ausdruck der «seit Jahrzehnten grossen Präsenz von Unia an den Arbeitsplätzen». «Der regelmässige Kontakt zwischen Bauarbeitern und Gewerkschaft hat eine auf gegenseitigem Respekt und Vertrauen beruhende Bindung geschaffen. So können die Arbeitnehmer ihre Ängste, sich zu exponieren, überwinden.»

Es ist also kein Zufall, dass die Arbeitgeber im Tessin den Streik passiv hinnehmen. Im Tessiner Baugewerbe sind Vergeltungsmassnahmen gegenüber streikenden Arbeitnehmern rar. Anlässlich dieser Mobilisierung haben verschiedene Grossunternehmen ihre Baustellen geschlossen, um den Konflikt nicht zu schüren. Das war nicht immer so. Regelmässig versuchten die Arbeitgeber, sich entschlossener zu wehren, aber die gefestigte Haltung der Arbeitnehmer konnte das bisher verhindern.

Francesco Bonsaver und Claudio Carrer

Arbeitgeber 1,5 und die Arbeitnehmenden 0,5 Prozent übernehmen. Die geforderten Massnahmen gegen Lohndumping und für einen Schlechtwetterschutz blieben hingegen aus. «Es ist noch nicht das, was wir haben wollten», kommentierte Unia-Bauchef Nico Lutz zum Schluss. Aber: «Beim wichtigsten Punkt, der Rentensicherung, haben wir uns durchgesetzt.» Die Unia-Zeitung *work* titelte daher: «Rente gut, fast alles gut». Auch unter den Büezern gab es zwei Sichtweisen. So meinte Xhafer Sejdiu aus Zürich: «Hätten mehr Bauarbeiter bei den Protesttagen mitgemacht, hätten wir mehr erreichen können.» Anders sein Kollege Marco Varnica: «Wer wollte nicht mehr? Aber das Abkommen rettet die Pensionierung mit 60, das ist entscheidend.»

Ralph Hug

«Kampf und Krampf» bei Malern und Gipsern

«Was lange währt, wird endlich gut», kommentierte der Gipser Roger Pellet. Der alte Gewerkschafter war Mitglied der Unia-Delegation, die im Mai 2016 mit dem Schweizer Gipser- und Malerunternehmerverband (SMGV) den Vertrag über eine Frühpensionierung in der Branche abschloss. Ab Januar 2018 erhalten die dem Vertrag unterstellten Maler und Gipser die Möglichkeit, mit 60 (Frauen mit 59) die Arbeitszeit um mindestens 20 Prozent zu reduzieren oder mit 63 (Frauen mit 62) ganz aufzuhören. Ihre Überbrückungsrente bis zum ordentlichen Pensionsalter beträgt dann 70 Prozent des durchschnittlichen Lohns.

Begonnen hatte der «Kampf und Krampf» (Pellet) eigentlich schon Ende 2002, als das Bauhauptgewerbe die Frühpensionierung mit 60 (FAR) erreicht hatte. Die Maler und Gipser wollten es ihren Kollegen auf den Baustellen gleichtun. Denn auch ihre Arbeit ist ein Verschleissjob. Vincenzo Giovannelli von der heutigen Leitung des Unia-Sektors Gewerbe spricht davon, dass 60 Prozent der über 55-jährigen Maler und Gipser reif für eine Invalidenrente seien. Auch aufgrund des hohen gewerkschaftlichen Organisationsgrades unter seinen KollegInnen glaubte Pellet, innerhalb weniger Monate zu einem neuen Gesamtarbeitsvertrag mit Anschluss seiner Branche an die FAR-Regelung kommen zu können. Ein gewaltiger Irrtum: Zwar erreichten im Juni 2003 die Beschäftigten des Ausbaugewerbes (second œuvre) in der Romandie einen vergleichbaren Vertrag, wenn auch erst mit dem Rentenalter 62. Doch in der Deutschschweiz und im Tessin kam von den Patrons nur ein stures Nein. Letztlich dürfte es ihnen dabei weniger um branchenspezifische Probleme als um ein Zeichen im Namen der ganzen Arbeitgeberschaft gegangen sein: Die neue Unia sollte sich mit ihrer offensiven und attraktiven Vorgehensweise nicht noch einmal durchsetzen.

Dabei bewiesen sie für diese bislang eher ruhige Branche überraschende Kampfbereitschaft. An einer grossen Demonstration im März 2004 beteiligten sich in Zürich rund 2500 Arbeiterinnen und Arbeiter. Einen Monat später legten an einem nationalen Streiktag um die 1000 Maler und Gipser die Arbeit nieder. Ihre Schlusskundgebung am Flughafen Kloten fand ein so grosses Medienecho, dass die Patrons an den Verhandlungstisch zurückkehren mussten.

Nun zeigte sich allerdings, dass die Stimmung zwischen den Maler- und Gipsermeistern und der Unia immer noch angespannt war. Sie handelte mit deren Verbandsspitze zwar einen neuen GAV mit Frühpensionierung aus, musste dann aber erleben, dass die Verbandsdelegierten der Arbeitgeber das Ergebnis krachend verwarfen.

Ein kurzfristig organisierter zweitägiger Streik war wutgeladen, blieb aber erfolglos. Schlimmer noch: Eine aus dem Ruder gelaufene Aktion, bei der Heisssporne die denkmalgeschützte Fassade des Nachbarhauses eines SMGV-Delegierten in Herrliberg (ZH) beschmierten, führte zu Anzeigen, zu Ärger in den eigenen Reihen und obendrein zu höchst negativem Medienecho. Pellet kommentierte: «Der Widerstand bei unseren Kolleginnen und Kollegen bröckelte langsam ab.» Und Bruna Campanello von der Unia-Sektorleitung stellte fest: «Damit war ein FAR für Maler und Gipser für ein Jahrzehnt Geschichte.»

Als neues Ziel wurde nunmehr die regionale Ausweitung des Romandie-Vertrages in der Deutschschweiz gesetzt. Dies gelang zum Beispiel dem Ausbaugewerbe der beiden Basel und im Tessin. Verhandlungen mit dem nationalen Arbeitgeberverband konnten aber erst fünf Jahre später wieder aufgenommen werden – dank der Dachdecker, die 2010 ein eigenes Vorruhestandsmodell beschlossen. Es dauerte dann allerdings nochmals fünf Jahre, mehrere, teils abgebrochene Verhandlungsrunden, bis die Patrons des Maler- und Gipsergewerbes der Deutschschweiz 2016 endlich bereit waren, auf Grundlage des Dachdeckermodells auch in ihrem Gewerbe eine Frühpensionierungsregelung zu akzeptieren.

«Ich hoffe», so der Gewerkschafter Roger Pellet, «dass unser Vorruhestandsmodell letzlich wegweisend sein wird – auch für andere Branchen im Gewerbe.»

Michael Stötzel

Betrieb	Exten SA
Branche	Kunststoffindustrie
Ort	Mendrisio (TI)
Anzahl Streikende	100 Personen
Grund	Lohnkürzungen
Zeitpunkt und Dauer	19.–26. Februar (8 Tage) und 17.–20. Juni 2015 (3 Tage)

Geschlossenheit lohnt sich

«Sie wollen uns den Lohn um 30 Prozent kürzen. Wir haben Angst und niemand wagt zu protestieren.»

Die Geschichte begann mit einem Brief an die Gewerkschaft Unia im Januar 2015: «Sie wollen uns den Lohn um 30 Prozent kürzen. Wir haben Angst und niemand wagt zu protestieren, aus Furcht vor Entlassungen. Wir haben nicht einmal den Mut, diesen Brief zu unterschreiben. Kommt zu Exten und redet mit der Direktion», bitten die unbekannten Verfasser.

Die Fabrik im Besitz der Familie Carlini stellt Plastikfolien und Laminate her. Sie beschäftigt rund hundert Personen, grösstenteils Grenzgänger. Die Anfangslöhne bei Exten waren in den vergangenen zwei Jahren auf 2700 Franken gesunken, obwohl die Firma nachweislich in einer stabilen finanziellen Lage war.

Der Hilferuf erreicht die Unia wenige Tage nachdem die Schweizerische Nationalbank am 15. Januar den Euro-Franken-Mindestkurs von 1.20 aufgehoben und die Schweizer Währung um 10 bis 15 Prozent aufgewertet hatte. Darauf reagiert die Direktion von Exten umgehend und gibt den Beschäftigten in einer vage formulierten Mitteilung bekannt, dass es «Sparmassnahmen» geben werde, insbesondere Lohnkürzungen zwischen 10 und 40 Prozent. Die Unia, die vorher noch nie Kontakt mit den Beschäftigten der Exten gehabt hatte, beantwortet den Hilferuf aus dem gewerkschaftlichen Niemandsland mit einer Flugblattaktion vor der Toren des Unternehmens. Es folgen erste Kontakte und Versammlungen mit der Belegschaft.

Die Reaktion der Direktion ist harsch: Die Angestellten werden einzeln zitiert und aufgefordert, schriftlich einer Lohnkürzung von 16 Prozent für Beschäftigte mit Schweizer Wohnsitz und 26 Prozent für Grenzgänger zuzustimmen. «Entweder du unterschreibst oder du bist draussen», heisst es.

Die wiederholten Einladungen der Unia für ein konstruktives Treffen verhallen bei der Exten-Leitung ungehört. Am frostigen Morgen des 19. Februar um 5.30 Uhr versammeln sich die Arbeiter der Tagschicht geschlossen vor dem Eingangstor und kündigen den Arbeitsausstand an. In der Fabrik, wo die sieben Produktionslinien nie stillstehen, sind die Kollegen der Nachtschicht gezwungen, bis zum Eintreffen der Geschäftsführer Überzeit zu leisten. Um sieben Uhr taucht der Inhaber Luigi Carlini am Steuer seines Maseratis auf. Für Verhandlungen sieht er keinen Raum: Carlini lehnt die Vorschläge der Belegschaft ab, die einen Verzicht auf Lohnkürzungen und die Offenlegung der finanziellen Situation des Unternehmens fordert, bevor weiter diskutiert werde.

«Wie wird das enden?»

Der Streik beginnt. Während acht Tagen besetzen die Arbeiter bei Regen, Schnee und Wind «ihre Fabrik». «Wie wird das enden?», lautet die immer wiederkehrende Frage. Die grösste Herausforderung besteht darin, trotz der Ungewissheit Geschlossenheit innerhalb der Belegschaft zu bewahren. Allen ist bewusst: Es gewinnt, wer länger ausharrt. Auf der einen Seite stehen der Patron und fünf Geschäftsführer, auf der andern gut hundert Personen, bestehend aus Arbeitern und administrativem Personal, Ansässigen und Grenzgängern, jeder mit seinen Sorgen beschäftigt. Ein Streik ist bekanntlich kein Sonntagsspaziergang. Die Unia-Gewerkschafter machen von Anfang an klar: Ist der Arbeitsausstand einmal beschlossene Sache, gibt es kein Zurück.

Die Stimmung ist nervös und wechselhaft, mal herrscht Euphorie, dass eine Einigung kurz bevorstehen könnte, dann wieder Verzweiflung und Wut. Das Klima wird noch verschärft durch einer Reihe von Äusserungen (in Form versteckter Drohungen) seitens einzelner Kader: «Besser ein Viertel weniger Lohn als gar nichts» oder «Mit dem Streik werdet ihr die Fabrikschliessung erreichen».

Der Streik beschert auch starke Momente echter Menschlichkeit und Sicherheit, im Recht zu sein, aufzubegehren, statt sich zu ducken. «Entweder so oder dort ist die Türe», so habe es immer wieder getönt, wenn jemand Widerspruch gewagt habe, erinnern sich die Beschäftigten. «Ich habe eine kleine Tochter», meint ein anderer Arbeitnehmer, «was wäre ich für ein Vater, wenn ich sie nicht lehrte, dass man für seine Würde kämpfen muss?» Wichtig ist auch der moralische und organisatorische Support der Unia-Funktionäre, die in diesen schwierigen Tagen ständig vor Ort sind. Viel Kraft verleihen die Solidaritätskundgebungen der Arbeitnehmerinnen und Arbeitnehmer anderer Fabriken im Kanton und aus Kreisen, die ähnliche Arbeitskämpfe erlebt (und gewonnen) haben, wie zum Beispiel die Beschäftigten der SBB-Werkstätten in Bellinzona.

Der ganze Kanton verfolgt das Geschehen dank der breiten Präsenz der Medien (auch der italienischen), die live über jede Phase des Konflikts berichten. Insbesondere der Tessiner Regisseur Danilo Catti hält mit seiner Kamera den ganzen Streik fest. Sein daraus entstandener Dokumentarfilm *Il salario negato* wird später vom Tessiner Fernsehen ausgestrahlt.

Die Tage vergehen, die Medienaufmerksamkeit bleibt und die politischen Behörden sind gezwungen zu intervenieren: Staatsrätin Laura

Sadis, Vorsteherin des Finanz- und Wirtschaftsdepartements, lanciert ein Schlichtungsverfahren zwischen der Direktion, der Belegschaft und der Gewerkschaft. Am Donnerstag, den 26. Februar, zeichnet sich erstmals eine Lösung ab: Wiederaufnahme der Arbeit, im Gegenzug «Aufschub» der Lohnkürzungen bis zur Überprüfung der Geschäftsbücher durch zwei externe Berater (einer wird von der Unia bezeichnet), Gründung einer Personalkommission und Verzicht auf Retorsionsmassnahmen gegenüber den Beschäftigten und der Gewerkschaft. Das Ergebnis des Schlichtungsverfahrens der Regierung stimmt mit den ursprünglichen Forderungen überein. Der Sieg ist errungen.

Die Einigung währt jedoch nicht lange. Am 17. Juni 2015 wird ein Arbeitnehmer, der im Schlichtungsverfahren der Regierung Delegationsleiter war, nach einer angeblichen Auseinandersetzung mit einem Kollegen fristlos entlassen. Nachdem die Beschäftigten davon erfahren haben, beschliessen sie spontan, die Produktionslinien zu stoppen und sich vor die Fabriktore zu stellen. Die Kündigung des Gewerkschaftsmitglieds ist zusätzlich zu den permanenten Drohungen an die Adresse der Arbeitnehmer eine weitere Provokation der Geschäftsleitung. Damit nicht genug: Die versprochene Offenlegung der Finanzdaten des Unternehmens kommt nicht voran, und die Beschäftigten werden aufgefordert, ihre Mitgliedschaft bei der Unia zu kündigen.

Trotz Einschüchterungsversuchen stimmen fast zwei Drittel der Beschäftigten einem erneuten Streik von drei Tagen und vier Nächten zu: Ein Bummelstreik sorgt für Produktionsstockungen, die Besetzung durch Arbeiter und Gewerkschafter behindert die Anlieferung sowie die Wegfahrt der Lieferfahrzeuge. Die Intervention des Staatsrates führt dazu, dass ein neues Abkommen erreicht wird. Es sieht eine vorübergehende Kürzung des Lohnes von 6,5 Prozent und die Aussetzung des dreizehnten Monatslohnes vor, ebenso aber auch eine erhebliche Kürzung der Bezüge der Verwaltungsräte und Geschäftsführer. Je nach Geschäftsgang sollen die Massnahmen aufgehoben werden und die Beschäftigten ihre «Darlehen», die sie «ihrer» Firma in schwierigen Zeiten gewährt haben, zurück erhalten. Der zweite Streik bei Exten wird beendet; für den entlassenen Arbeitnehmer, der es vorzieht, in einen andern Betrieb zu wechseln, wird eine Abgangsvereinbarung getroffen.

Zwei Jahre nach der menschlich und gewerkschaftlich wertvollen Erfahrung von damals ist die Bilanz in den Augen der Hauptpersonen eher durchzogen. Der Unia-Verantwortliche Vincenzo Cicero, der sehr enge Kontakte mit den Fabrikarbeitern pflegt, verweist auf die «grosse symbolische Bedeutung» des Streiks «für die ganze Arbeitswelt, die nach dem Entscheid der SNB unter starken Druck geraten war», verhehlt aber nicht die Schwierigkeiten bei der Durchsetzung der Ergebnisse: Der damals in der Belegschaft herrschende Geist der Geschlossenheit ist erlahmt, und «das Unternehmen versucht unablässig mit verschiedenen Tricks, die im Schiedsverfahren beschlossenen Vereinbarungen zu umgehen», beklagt Cicero.

Einer der Arbeiter der damaligen Streikfront bestätigt: «Die Kampftage waren mitreissend und in menschlicher und gewerkschaftlicher Hinsicht sehr bereichernd, sie haben uns erlaubt, unsere Würde zurückzugewinnen und bis zum Sieg zu kämpfen. Dass die Geschlossenheit heute bröckelt, enttäuscht mich. Die Direktion der Exten hat in diesen zwei Jahren in der Fabrik ein Klima der Einschüchterung geschaffen, indem sie auf den Einzelnen Druck ausübt und ihm droht, dadurch ist die Geschlossenheit zerstört und unsere Vertragsstärke geschwächt worden». «Sicher», meint ein anderer Kollege, «auch wir Arbeiter haben Fehler gemacht, aus denen wir aber jetzt lernen möchten.» Das Engagement geht weiter.

«Von Zeit zu Zeit siegen die Arbeiter, aber nur vorübergehend. Das eigentliche Resultat ihrer Kämpfe ist nicht der unmittelbare Erfolg, sondern die immer weiter um sich greifende Vereinigung der Arbeiter.» (*Kommunistisches Manifest* 1848)

Francesco Bonsaver und Claudio Carrer

Die Renaissance des Streiks – ein Lernprozess

Gespräch mit Vania Alleva und Paul Rechsteiner

Jahrzehntelang wurde in der Schweiz kaum mehr gestreikt.
Dann kam es zu einer Renaissance von Arbeitskämpfen.
Was waren entscheidende Ereignisse auf diesem Weg?

PR: Die Krise der 1990er-Jahre war ein entscheidender Einschnitt. Auf deren Hintergrund kam es bei den Gewerkschaften zu einem kämpferischen Neubeginn. In dieser Zeit gab es auch wieder Streiks, z. B. in der Textilindustrie, bei Calida, zum Teil mit zwiespältigen Resultaten. Aber der wichtigste Effekt war, dass die Gewerkschaften wieder gelernt haben, solche Auseinandersetzungen zu führen. Zudem muss man sich erinnern, dass damals die meisten Leute meinten, in der Schweiz sei streiken gar nicht erlaubt. Im Jahr 1999 haben wir es geschafft, das Streikrecht in der neuen Bundesverfassung zu verankern. Das war unsere Bedingung, um bei der Volksabstimmung Ja zu sagen. Die Legitimität von Streiks wurde damit verstärkt.

Der Streik bei der Zeba in Basel war für mich dann ein Wendepunkt. Wir hatten zwei Jahre zuvor den Kampf gegen Tieflöhne begonnen mit der Kampagne «Keine Löhne unter 3000 Franken». Der Kampf in der Wäscherei hat eine starke Wucht entwickelt, eine hohe Emotionalität über Basel hinaus. Nach diesem Streik, so habe ich das Gefühl, waren wir am Gewinnen. Danach kam der Durchbruch im Bau mit dem Rentenalter 60, was vorher noch undenkbar gewesen war.

Wir haben es geschafft, dass der Streik zunehmend zu einem erfolgreichen Mittel im Arbeitskampf wurde. Der Schweizerische Gewerkschaftsbund (SGB) hat diese Entwicklung 2000 und 2008 mit zwei Broschüren begleitet (siehe Bibliografie). Mit diesen Bewegungen hat sich eine Praxis herausgebildet, ein neues Know-how, insbesondere bei der Unia und auch beim VPOD. Es ist zentral, dass aus den Erfahrungen gelernt wird und nicht immer wieder beim Punkt Null begonnen werden muss.

Um die Jahrtausendwende sprach der Arbeitgeberdirektor
Peter Hasler vom Streik als «archaischem Instrument»
und Arbeitgeberpräsident Richterich drohte mit der Ab-
lehnung der neuen Bundesverfassung, falls das Streikrecht
darin enthalten sei. Ist der Streik ein Relikt aus dem 19. und
20. Jahrhundert?

VA: Sicher nicht. Streiks werden im 21. Jahrhundert noch wichtiger.
Denn Arbeitnehmende und Gewerkschaften sehen sich vermehrt mit
Arbeitgebern konfrontiert, die gar nicht bereit sind, an den Verhandlungstisch zu kommen oder auf ihre Anliegen einzutreten. Dies gilt zum
Teil in Branchen mit GAV, wo die Arbeitgeber Verschlechterungen verlangen. Aber es gilt auch in den vielen Branchen und Betrieben ohne
GAV, namentlich im Dienstleistungssektor. In diesen Bereichen streiken
vermehrt auch junge Leute, Frauen und hochqualifizierte Fachkräfte,
häufig mit neuen, kreativen Aktionsformen.

In der Schweiz gehen durch Streiks weniger Arbeitstage
«verloren» als in den meisten anderen europäischen
Ländern. Was hemmt die Leute, die Arbeit niederzulegen?

VA: Hinter uns liegen Jahrzehnte des Arbeitsfriedens. Damit verbunden war die Vorstellung, dass wir in der Schweiz alle anderen Wege versuchen müssen, nur nicht den Streik. In der Hochkonjunktur hat das
auch noch Ergebnisse gebracht. Aber an diesem Punkt sind wir schon
lange nicht mehr. Verbesserungen können allein am Verhandlungstisch
kaum noch erzielt werden, und die Angriffe der Unternehmen auf Arbeitsbedingungen und Arbeitsplätze werden immer schärfer. Deshalb
haben die Streiks an Bedeutung gewonnen. Aber wir können nicht an
eine breite Streiktradition anknüpfen. Die Angestellten von Generali,
die Ende 2016 erstmals seit Jahrzehnten in einer Versicherung die Arbeit
niedergelegt haben, wollten dies nicht als Streik benennen.

PR: Streik ist ja nicht das erste Mittel, sondern im Gegenteil meist das
letzte. In der Schweiz gibt es zudem die paradoxe Situation, dass Streiks,
gerade weil sie so selten sind, eine umso grössere Emotionalität und Wirkung entfalten. So haben zum Beispiel Aktionen gegen Lohndumping
eine sehr grosse Popularität und sie erzeugen grossen Schub, wie sich
etwa auf den Baustellen des Zürcher Hauptbahnhofes oder von Zara an
der Bahnhofstrasse gezeigt hat. Solche Aktionen werden auch von Ge-

werblern gut aufgenommen, die mir sagen: «Endlich tut jemand etwas Wirksames gegen die Zerstörung des Gewerbes durch das Dumping.» Weniger Streiks gibt es bei uns übrigens auch dank den direktdemokratischen Mitteln von Referendum und Initiative. Diese benützen wir Gewerkschaften, wenn es um Angriffe auf das Arbeitsgesetz oder die Sozialversicherungen geht. In Frankreich oder in Südeuropa wird da gestreikt.

Was braucht es, damit die Leute dann trotz vieler Hürden und Ängste streiken?

PR: Der Punkt ist wohl der, dass es Leute braucht, die den Sprung aus der Vereinzelung heraus ins Kollektive machen. Und sie müssen sich unterstützt fühlen von einer Gewerkschaft, die bereit ist und das nötige Know-how hat. Entscheidend ist also der subjektive Faktor. Es ist nicht so, dass objektive Herausforderungen allein, wie z. B. Entlassungen oder Lohnkürzungen, die Leute zum Streiken bringen. Dann müsste viel mehr gestreikt werden. Bei Branchenstreiks ist natürlich die gewerkschaftliche Tradition entscheidend. Die Fähigkeit zu kollektiven Aktionen muss sich in einem Lernprozess der Vertrauensleute entwickeln. Das gab es früher auch bei den Typographen, die das jahrzehntelang gepflegt hatten.

VA: Meistens wird gestreikt, wenn die Situation unhaltbar geworden ist und man keinen anderen Ausweg mehr sieht: Bei Massenentlassungen, bei Auslagerungen von Arbeitsplätzen, wenn man vor dem Nichts steht. Bei Kündigungen des GAV, wenn plötzlich Errungenschaften wie der 13. Monatslohn oder eine zusätzliche Ferienwoche gefährdet sind. Eindrücklich sind für mich auch die vielen Konflikte, bei denen es schlicht um die Menschenwürde der Leute geht, die mit Füssen getreten wird. Angestellte, die ihre Arbeit lieben, aber die Arbeitsbedingungen verbessern wollen und von ihrem Arbeitgeber gar keine Antwort bekommen. So war es zum Beispiel bei den Spar-Frauen. Sie kämpften für ihre Würde und für eine gute Arbeit. Das Schlimmste war für sie die mangelnde Anerkennung und Wertschätzung.

Die Arbeitskämpfe enden mehrheitlich erfolgreich, aber es gibt auch Niederlagen. Was sind die Erfolgsfaktoren?

VA: Das A und O ist, dass alle oder die grosse Mehrheit der betroffenen Belegschaft die Kampfmassnahmen mittragen. Das ist zugleich die anspruchsvollste Voraussetzung. Denn ein Streik ist kein Sonntagsspaziergang. Wer sich überlegt, in den Streik zu treten, muss mit riesigem Druck rechnen: vom Arbeitgeber, von Teilen des Umfelds, manchmal von der Familie. Hinzu kommt, dass für die meisten Leute Streiks Neuland sind: Wie man vorgehen muss und was der Ausgang sein kann, ist völlig ungewiss. Hier kommt die Gewerkschaft ins Spiel. Sie hat die Erfahrung, kann das Umfeld einschätzen und eine gewisse Sicherheit geben. Eine Gewerkschaft, die den Kampf mittragen kann, ist darum in den meisten Fällen die zweite Voraussetzung für einen Streik. Schliesslich spielt auch die Unterstützung der Öffentlichkeit eine wichtige Rolle. Wenn zur Gegnerschaft des Arbeitsgebers noch jene des gesellschaftlichen Umfelds hinzukommt, sinken die Erfolgschancen.

PR: Normalerweise ist die Situation im Betrieb und in der Gesellschaft geprägt durch die Vereinzelung. Jeder für sich macht die Erfahrung von Machtlosigkeit. Entscheidend ist, dass im Vorfeld eines Streiks ein Prozess in Gang kommt, wo die Leute verstärkt miteinander reden, eine gemeinsame Beurteilung der Situation vornehmen, gegenseitig Vertrauen fassen. Es beginnt ja meist ganz einfach mit einer Versammlung, mit der Formulierung des Problems, dann der Forderungen, die man gemeinsam erhebt. Da beginnt ein Elementarprozess der kollektiven Aktion: die Entdeckung, dass eine Überwindung der Machtlosigkeit möglich ist und gemeinsam eine Kraft entwickelt werden kann. Hier kommt die gewerkschaftliche Erfahrung, wie man diesen Prozess fördern kann und die Leute aber trotzdem selber entscheiden lässt, ins Spiel.

Bei Streiks entsteht schnell eine grosse Emotionalität, weit über die Betroffenen hinaus. Warum eigentlich?

PR: Die Leute sehen plötzlich, dass Widerstand möglich ist. Dass die Arbeit niedergelegt werden kann, was meist unvorstellbar ist. Man sieht auf einmal, dass nicht alles einfach gegeben ist, und erlebt eine Erweiterung des Vorstellungsvermögens.

VA: Streiks sind eine umstrittene Projektionsfläche. Einige beneiden die Streikenden: Die trauen sich, halten zusammen und stehen hin für ihre Forderung. Viele sagen: Leider ist in unserem Betrieb kein solcher Zusammenhalt möglich, aber Ungerechtigkeiten gibt es auch bei uns. Umgekehrt finden andere, streiken sei unverschämt. Das heisst: Streiks polarisieren. Und da sie in der Schweiz relativ selten sind, erhalten sie

hohe Aufmerksamkeit. Schon ein paar Stunden Warnstreik genügen, damit zumindest in Lokalmedien berichtet wird.

Streiks werden in der Öffentlichkeit schnell aufgenommen
und werden von einer betrieblichen zur gesellschaftlichen
Frage. Und nicht selten sind dann die Behörden gefragt.

PR: Jeder Streik braucht eine Lösung, und oft finden die Konfliktparteien selbst keine. Da braucht es dann eine Hilfe von aussen. Eine solche
trägt auch bei zur Gesichtswahrung der Konfliktparteien, die sich vielleicht zu sehr auf ihrem Standpunkt versteift haben. Für einen erfolgreichen Abschluss ist die Gesichtswahrung wichtig. Man muss ja nachher
weiter miteinander arbeiten können. Da wird dann eine Autorität von
aussen gesucht, die beide Seiten anerkennen. Ein Regierungsrat oder
eine Regierungsrätin, ein neutraler Mediator.

In den Jahrzehnten des Generalstreiks wurde auch bei
kleineren Anlässen die Armee eingesetzt und noch häufiger
die Polizei. Heute ist das doch viel seltener.

PR: Ja, die Akzeptanz des Grundrechts auf Streik ist grösser geworden.
Entsprechend werden diese nicht mehr so bekämpft. Aber es gibt weiterhin heikle Zonen, wie z. B. die Frage des Zutrittsrechts. Es ist nicht die
brutale Repression wie in den 1980er-Jahren gegen die Bergarbeiter in
Grossbritannien. Oder wie das «Union busting», die Gewerkschaftsbe-
kämpfung mit Heerscharen von Profis wie in den USA. Aber auch bei uns
können Arbeitgeber bei Anwalts- und Kommunikationsfirmen ganze
Pakete einkaufen, um Arbeitskonflikte besser abwehren zu können.

VA: Die Arbeitgeber haben in den letzten Jahren aufgerüstet. Sie versuchen systematisch, Arbeitskonflikte zu kriminalisieren: mit Klagen gegen Streikende und Gewerkschafter wegen Hausfriedensbruch, Nötigung, Schadenersatz. Meistens ohne Erfolg. In Genf hat der Arbeitgeberverband sogar eine Infobroschüre publiziert, wie man gegen Streiks
vorgehen kann. Immerhin stellen sich heute sowohl die Polizei als auch
die privaten Sicherheitsfirmen meist auf den Standpunkt, dass sie nicht
in einen Streik eingreifen, da dieser ein verfassungsmässiges Recht ist.

PR: Letztlich ist der Streik aber ein gesellschaftliches Ereignis, kein juristisches. Am wichtigsten ist schliesslich das Kräfteverhältnis. Ist ein

Streik erfolgreich, dann lösen sich die rechtlichen Auseinandersetzungen in einer Abschlussvereinbarung auf.

Streik sind schnell ein grosses Ereignis. Haben sie auch grosse Wirkung?

PR: Die Streiks gegen die Tieflöhne bei der Zeba und weiteren Firmen gaben eindeutig Schub für unsere Kampagne gegen Löhne unter 3000 und später unter 4000 Franken; dies war sicher ein Erfolg und hat den Tieflohnsektor in der Schweiz begrenzt. Ein anderes Beispiel ist der Streik bei Exten 2015. Nach Freigabe des Frankenkurses war alles darauf angelegt, die Löhne im Sinne einer «inneren Abwertung» zu senken. Vielerorts begannen Arbeitgeber ganz konkret damit. Exten im Tessin ging besonders krass vor. Dass die Streikenden dagegen erfolgreich waren, hatte in der Folge eine riesige Wirkung. Es war ein Signal, ein Alarmzeichen für alle Arbeitgeber, was ihnen blühen kann bei Lohnsenkungen.

VA: Ein anderes Beispiel war der Streik im Bauhauptgewerbe für das Rentenalter 60. Er brachte einen historischen Erfolg für die betroffene Branche, war aber auch wirksam für nachziehende Branchen, insbesondere im Ausbaugewerbe. Sehr wirksam waren und sind auch die Arbeitseinstellungen auf Baustellen gegen das Lohndumping. Sie haben skandalöse Zustände sichtbar gemacht und auf politischer Ebene geholfen, die flankierenden Massnahmen zu stärken. Zu nennen sind schliesslich die immer wiederkehrenden Streiks gegen Entlassungen: Nicht selten sind sie erfolgreich, indem Arbeitsplätze zumindest für eine gewisse Zeit gerettet werden können. Diese Kämpfe haben in der Industrie unterdessen Tradition, aber sie finden neuerdings auch im Dienstleistungssektor und bei White-collar-Angestellten statt: in Logistikzentren wie Usego/ Denner, bei Valrhône, bei Novartis in Nyon, bei Merck Serono in Genf, vor Kurzem bei Generali in Nyon oder bei Thermo Fisher in Ecublens. Diese Streiks haben viel bewirkt – auch präventiv, indem sie den Arbeitgebern gezeigt haben, dass Entlassungen in der Schweiz nicht einfach hingenommen werden.

Was ist neu an der neuen Generation der Streiks, die wir erleben?

PR: Wir erleben eine rasante Entwicklung der Technologien, die Digitalisierung, die auch die Arbeitsorganisation umwälzt. Die Folgen sind

widersprüchlich: Zum einen wird das Risiko der Vereinzelung noch
grösser, umgekehrt bietet die neue Technologie aber auch neue Möglichkeiten der Kommunikation zwischen Leuten, die sich wehren wollen.
Und die Empfindlichkeit, die Anfälligkeit der Unternehmen durch Arbeitskonflikte, wird grösser.

VA: Neu ist vor allem, dass im privaten Dienstleistungsbereich gestreikt wird, wo es keinerlei Tradition dafür gab. So streikt im Moment
die ganze Belegschaft der Schifffahrer auf dem Lago Maggiore. Neu ist,
dass davon auch Branchen und Betriebe ohne jede gewerkschaftliche
Tradition erfasst werden. Damit verbunden ist der Anteil Frauen gestie-
gen, die an Streiks beteiligt sind oder sie selbst anführen. Schliesslich
haben sich auch die Formen der Arbeitskämpfe verändert, insbesondere
durch eine vermehrte Bedeutung der Öffentlichkeit. Da spielen natürlich die sozialen Medien eine grosse Rolle.

Gesprächsführung Andreas Rieger

Synthese von Bewegung und Gewerkschaftsorganisation

Gespräch mit Catherine Laubscher und Alessandro Pelizzari

Ist es wichtig, dass eine Gewerkschaft in der Lage ist, Streiks zu führen?

CL: Das ist sehr wichtig, sowohl gegenüber den Arbeitgebern wie auch gegenüber den Arbeitnehmenden – gerade in einem Land wie der Schweiz, in dem immer noch viele glauben, dass Streiks verboten und Gewerkschaften dazu auch nicht in der Lage seien. Wenn im Konfliktfall keine Gespräche möglich sind, müssen wir die Wut der Arbeitnehmenden aufnehmen können und ihr mit diesem letzten Kampfmittel einen Ausdruck geben.

AP: Für mich sind Streiks aus mindestens drei Gründen eine der wichtigsten gewerkschaftlichen Aufgaben. Erstens sind wir mit einem zunehmend fragmentierten Arbeitsmarkt konfrontiert. Das macht es schwieriger, gewerkschaftliche Einheit herzustellen und gemeinsame Erfahrungen zu machen – sowohl an den Arbeitsplätzen als auch auf Organisationsebene. Streiks sind wichtige emotionale Momente, in denen es uns gelingt, Arbeitnehmende mit unterschiedlichen Hintergründen und Identitäten in einer gemeinsamen, kollektiven Kampferfahrung zusammenzubringen. Zweitens hat sich das Kräfteverhältnis in den letzten Jahrzehnten noch einmal drastisch zugunsten der Arbeitgeber verschoben. Umso wichtiger ist es, dass wir sie zumindest punktuell zu Zugeständnissen zwingen können, und sei es «nur» mit defensiven Streiks, beispielsweise für bessere Sozialpläne bei Auslagerungen. Und drittens droht das in unserer Bewegung historisch gewachsene Streikwissen verloren zu gehen, wenn wir es nicht durch neue Streikerfahrungen aktualisieren.

CL: Die meisten Arbeitnehmenden der mittleren und der jüngeren Generation haben noch nie eine starke kollektive Erfahrung gemacht –

ausser vielleicht im Fussballstadion. Streikerfahrungen sind darum von grossem Wert. Sie machen – auch unabhängig vom konkreten Resultat – die Kraft kollektiven Handelns erlebbar. Alle, die einen Streik miterlebt haben oder sonst einen kollektiven Konflikt, behalten diese Erfahrung in ihrem gesamten Berufsleben.

Wenn es so wichtig ist, warum kommt es dann nicht häufiger zu Streiks?

AP: Einerseits weil die Gewerkschaften das Handwerk zum Teil verlernt haben, andererseits weil es immer schwieriger wird, an einem kollektiven Kampfbewusstsein der Arbeitnehmenden anzuschliessen.

CL: Die meisten Lohnabhängigen sind der Meinung, man könne sowieso nichts machen. Das ist ein echtes Problem, denn wir Gewerkschaften können das fehlende Bewusstsein nicht ersetzen, wir können ja nicht anstelle der Arbeitnehmenden streiken.

AP: Ein ehemaliger Genfer Industrieverantwortlicher, der das ganze Arbeitsleben in der Maschinenindustrie verbracht hat, pflegte folgende Anekdote zu erzählen: Wenn es früher in einer Werkstatt Probleme beispielsweise mit einer Lüftung gab, rief man den Chef und verlangte, dass die Lüftung repariert werde. Wenn dies nicht innert nützlicher Zeit geschah, schlug halt jemand eine Scheibe ein, damit frische Luft reinkam. Danach wurde die Lüftung jeweils ziemlich schnell geflickt. Wenn heute eine Lüftung ausfällt, dann ruft jemand die Gewerkschaftssekretärin an, sagt ihr, sie solle dafür sorgen, dass das Arbeitsinspektorat vorbeikomme, aber ja niemandem verraten, wer den Schaden gemeldet habe. Mit anderen Worten: Es gibt nach wie vor Reaktionen gegen Ungerechtigkeiten und Ungleichheit, aber zunehmend nur noch auf individueller Ebene.

CL: Bei den Streiks, die ich erlebt habe, gab es immer einen überzeugten Kern von Arbeitnehmenden, die den KollegInnen Mut gemacht haben. Manchmal genügen einige wenige Leute, aber ohne sie geht es einfach nicht. Ich glaube, unsere grösste Schwäche liegt darin, dass es uns schwerfällt, solche Kerne zu erkennen und zu stärken. Wenn uns das erst einmal gelungen ist, sind wir durchaus in der Lage, Streiks erfolgreich zu führen.

Was heisst denn, Lohnabhängige und Gewerkschaften
haben das Streiken verlernt? War denn früher diesbezüglich
alles besser?

AP: Es kommt natürlich drauf an, womit man vergleicht. In der Genfer Maschinenindustrie zum Beispiel oder in der Chemischen Industrie gab es in den 1970er- und 80er-Jahren massive Streikwellen. Die Betriebskommissionen wurden damals von aktiven GewerkschafterInnen dominiert, und die zuständigen Gewerkschaftssekretäre kamen zu einem guten Teil aus diesem Milieu, da gab es einen organischen Zusammenhalt. Diese Streikgeschichte ist in den heute aktiven Belegschaften zum Teil noch präsent, aber der Bezug wird immer schwächer. Ich bin mit Catherine einig und würde den handwerklichen Aspekt auch nicht überschätzen. Entscheidend ist, ob es uns gelingt, diejenigen Betriebe bzw. Konstellationen zu erkennen, in denen es eine echte Bereitschaft zum kollektiven Kampf gibt.

Wie das?

AP: Zuerst einmal geht es darum, die Sprache der Leute zu verstehen. Da fangen unsere Probleme schon an. Das Muster der stark vom Apparat getragenen Streikvorbereitung, wie wir es in unseren grossen Baumobilisierungen gelernt haben, lässt sich eben nicht einfach auf einen Industrie- oder Dienstleistungsbetrieb übertragen. Dort gibt es heute zwar oftmals junge, ziemlich politisierte Belegschaften, doch fällt es uns schwer, die Konfliktdynamik zu verstehen. Anlässlich eines Beinahe-Streiks bei der Genfer Niederlassung eines Konzerns im Bereich Antriebs- und Steuerungstechnologie habe ich kürzlich einen solchen Kern von jungen, hoch gebildeten und durchaus widerständigen Ingenieuren erlebt, die aber sehr individualistisch unterwegs sind. Mit Gewerkschaften haben die erstmal nichts am Hut: «Ich bin zu kompliziert für euch», lautet bei ihnen der Tenor. Wenn wir die Konflikte nicht verstehen, die hinter solchen individualisierten Widerstandspotenzialen stehen, können wir auch keine gemeinsamen Handlungsperspektiven entwickeln.

Der erfolgreiche FAR-Streik 2002 ist ja ein Musterbeispiel an
strategischer Planung und Streikorganisation. Hat dies
möglicherweise unseren Blick auf spontane Streikformen
verstellt?

AP: Ich glaube nicht, dass man das so gegeneinander stellen sollte. Ich sehe das eher komplementär. Grosse, offensive Streiks wie der FAR-Streik sind unter den gegenwärtigen gesellschaftlichen Rahmenbedingungen notwendigerweise stärker von einem funktionierenden Gewerkschaftsapparat abhängig. Dagegen steht bei kleineren, defensiven Streiks häufig die Wut der betroffenen Arbeitnehmenden am Anfang: Sie wehren sich eben gegen eine akute Bedrohung oder einen unmittelbaren Affront. Eine starke Verankerung der Gewerkschaft bei den Arbeitnehmenden vor Ort ist bei beiden Streiktypen eine Voraussetzung für den Erfolg.

CL: Wir haben in der Tat eine Reihe von Branchenstreiks erlebt, die zu Beginn stark vom Apparat getragen wurden, vor allem im Bau und im Gewerbesektor. Aber auch da war es jeweils entscheidend, dass die Streiks eine reale Wut der Arbeitnehmenden zum Ausdruck bringen konnten. Bei Betriebsstreiks ist der Faktor «Wut» als Auslöser noch zentraler.

Wo habt ihr persönlich euer Streikhandwerk erlernt?

CL: Ein gewisses Basiswissen habe ich aus dem Austausch mit erfahrenen GewerkschaftssekretärInnen gewonnen. Entweder im bilateralen Kontakt oder im kollektiven Austausch, wie wir ihn bei der Unia pflegen. Aber das meiste habe ich wohl in konkreten Streiksituationen gelernt: learning by doing. Allerdings ist auch da der Austausch mit anderen zentral, sowohl in strategischen, taktischen als auch juristischen Fragen.

AP: Während meinem ersten Jahr bei der Unia Genf 2007 gab es einen grossen Baustreik, bei dem ich vieles über Streikphasen, Timing, Vorbereitung, Nachbereitung etc. lernen konnte. Mit der Streik-Checkliste meines Vorgängers in der Region arbeite ich heute immer noch, wobei wir sie im Trial-and-Error-Verfahren ständig verbessern. Aber auch die beste Checkliste nützt nichts, wenn sich ein Streik nicht auf eine echte kollektive Dynamik stützen kann. Und wenn eine solche Dynamik entsteht, dann geht es darum, ihr möglichst gut zu folgen. Das beste Beispiel dafür ist für mich der Streik bei Merck Serono. Man hat uns damals beglückwünscht, wie wir den Streik über Monate professionell geführt haben. Aber das war nicht das Wichtigste. Entscheidend war der Kern hochmotivierter, hochqualifizierter MitarbeiterInnen, die diesen Streik über die ganze Zeit getragen haben.

CL: Ich glaube, das stimmt insbesondere für die langen Streiks wie bei Merck Serono oder auch früher in Reconvilier. Bei kürzeren Streiks spielt eine professionelle Organisation wahrscheinlich noch eine grössere Rolle. Aber den kollektiven Willen zum Kampf kann natürlich auch die beste Organisation nie ersetzen.

Was bedeuten Streiks für euch als Führungsperson? Machen
Streiks aus Führungspersonen plötzlich «Geführte»?

AP: Ich erlebe Streiks als Ort der Synthese: Streiks leben einerseits von basisdemokratischen Prozessen. Die Streikversammlung entscheidet, ob ein Streik beginnt, welche Forderungen gestellt werden und wann ein befriedigendes Resultat erzielt ist. Aber diese demokratischen Entscheide sind immer auch klare Aufträge an den Apparat. Damit diese auch tatsächlich umgesetzt werden, braucht es dann keine weitere Basisdiskussion, sondern unsere Führungsverantwortung. Man könnte geradezu sagen, dass die professionelle Umsetzung solcher demokratischer Streikentscheide die hierarchische Struktur der Gewerkschaften legitimiert. In solchen Momenten erleben wir den eigentlichen Sinn der Gewerkschaftsorganisation – wir sind dafür da, den kollektiven Handlungswillen der Arbeitnehmenden so effizient wie möglich zu unterstützen.

CL: Es gibt für mich tatsächlich beide Aspekte: folgen und trotzdem führen! Wobei diese wechselseitige Dynamik stark davon abhängt, wer genau wofür streikt. Bei den sechs überausgebeuteten polnischen Bauleuten der Firma Alpen Peak in Sainte-Croix waren andere Führungsleistungen gefragt als etwa bei einem Streik der Apothekenangestellten oder – um einmal einen politischen Streik zu erwähnen – beim Frauenstreik von 1991. Als gewerkschaftliche Verantwortliche spüre ich jedenfalls auch eine Verantwortung, am Schluss ein zählbares Resultat zu erzielen.

Du sprichst einen heiklen Punkt an. Bei vielen Streiks treten
im Verlauf der Auseinandersetzung ja auch innerhalb der
Belegschaften Bruchlinien auf – häufig um die Frage, ob die
von Arbeitgeberseite gemachten Zugeständnisse als Erfolg
gewertet werden oder nicht.

AP: Als Erstes muss man klar sehen: Streiks, die auf der ganzen Linie erfolgreich sind, sind die Ausnahme. Bei den meisten Streiks, die ich erlebt habe, gab es am Schluss auch Enttäuschte. Ich glaube, das ist einfach ein Abbild des schlechten Kräfteverhältnisses, das bei den meisten Streiks spielt. Bei grossen Belegschaften kommt es oft zu internen Spaltungen. In solchen Momenten sollten sich die Gewerkschaften zurückhalten. Es hat keinen Sinn, die Fortsetzung eines Streiks durchzusetzen, wenn es nicht bei einer klaren Mehrheit der Betroffenen eine innere Überzeugung dafür gibt. Das führt zumeist nur zu noch grösseren Enttäuschungen. Das Beste, was wir tun können, ist, die Streikenden von Anfang an auf Rückschläge vorzubereiten.

CL: Nach meiner Erfahrung fällen streikende Belegschaften auch in schwierigen Situationen in der Regel vernünftige Entscheidungen. Als Gewerkschafterin versuche ich dabei vor allem, die Analyse und das Selbstvertrauen des tragenden Kerns zu stützen, nach dem Motto «Wer nicht kämpft, hat schon verloren». Beim eigentlichen Entscheidungsprozess an den Streikversammlungen halten wir uns sehr zurück.

AP: Bei einem Streik geht es meistens darum, Leute, die ganz unterschiedliche Lebens- und Berufserfahrungen haben, auf einen gemeinsamen Nenner zu bringen. Man muss das immer wieder neu aushandeln.

CL: Am Schluss geht es nicht um richtig oder falsch, sondern darum, zur rechten Zeit legitime Mehrheitsentscheide herbeizuführen.

Vollständig erfolgreiche Streiks sind eine Ausnahme – was bedeutet das?

AP: Es ist ja selten von vornherein klar, was genau als Sieg und was als Niederlage zu werten ist. Bei jedem Streik, den ich erlebt habe, haben wir am Ende zumindest einen Teilerfolg erzielt. Alle kollektiven Ambitionen und die Maximalforderungen, wie sie in Streikbewegungen notwendigerweise auch entstehen, erreichen wir aber kaum jemals. Darum erleben viele das Ende einer Streikbewegung als Niederlage, auch wenn wir einen Teil der Arbeitsplätze gerettet oder ein paar Millionen mehr für den Sozialplan erstritten haben.

CL: Für mich ist es wichtig, dass wir mit einem Streik zumindest mehr erreichen, als wenn wir nichts getan hätten. Wenn wir das nicht erreichen, dann gibt es auch keinen kollektiven Lerneffekt. Ich bin erst zufrieden, wenn die Leute finden: «Aha, kämpfen lohnt sich!»

Passieren auch Fehler?

AP: Natürlich habe ich mir im Nachhinein auch schon die Haare gerauft. Aber Fehler passieren. Wir müssen versuchen, daraus für die Zukunft zu lernen und besser zu werden. Das Schlimmste ist, wenn man die kollektive Streikbereitschaft der Arbeitnehmenden falsch einschätzt. Wenn man in der Hitze des Gefechts versucht abzukürzen und sich nicht die Zeit nimmt, um mit den Leuten zu reden und zu verstehen, was wirklich hinter einem Konflikt steckt.

CL: Am schwierigsten finde ich es, den richtigen Moment zu finden, an dem man mit dem Erreichten zufrieden sein sollte. Die Frage, ob man mehr erreicht hätte, wenn man «die Kurve» früher gekriegt hätte oder wenn man im Gegenteil den Kampf noch fortgeführt hätte, ist nie ganz eindeutig zu beantworten.

Gesprachsführung Hans Hartmann

Gespräch mit Enrico Borelli

*Das Tessin hat gerade einen eindrücklichen Streik erlebt.
Sämtliche 34 Angestellten der Schifffahrt auf der Schweizer
Seite des Lago Maggiore haben anfangs Sommer 2017
während 20 Tagen den Verkehr stillgelegt. Sie hatten auf
Ende Saison die Kündigung bekommen. Das hat ein riesiges
Echo ausgelöst. Warum?*

Dieser Streik hat wehgetan. Er traf wichtige Bereiche der Wirtschaft im Locarnese, den Tourismus, die Arbeitspendler. Er fand nicht in einem abgelegenen Betrieb statt – das Streikzentrum war die Landestelle mitten in der Stadt. Er hat sich in die Länge gezogen, weil auf Arbeitgeberseite niemand die Verantwortung übernehmen wollte. Der bisherige italienische Patron wollte nicht länger Löhne auf Schweizer Niveau zahlen und zog sich aus der Affäre. Die Tessiner Regierung schob das Problem zunächst lange von sich. Aber sie musste schliesslich angesichts des grossen öffentlichen Drucks die Verantwortung übernehmen und Garantien für Arbeitsplätze und Löhne abgeben. Damit konnte die Arbeitsniederlegung erfolgreich beendet werden.

Woher kam dieser Druck?

Zum einen aus Wirtschaftskreisen. Der Tourismus ist für das ganze Locarnese zentral und beginnt derzeit, nach einer langen Krise, wieder zu wachsen. Die Hochsaison mit dem Filmfestival stand bevor. Gleichzeitig sprach der Streik ein Grundproblem an, das die ganze Bevölkerung beschäftigt: Entlassungen mit dem Ziel, Löhne unter das ortsübliche Niveau zu senken, sind im Tessin häufig. Die Solidarität mit den Streikenden war deshalb stark. 500 Personen kamen an eine Kundgebung in Locarno, was es hier lange nicht mehr gab. 10 000 haben eine Petition an die Tessiner Regierung unterschrieben.

Regierungsrat Gobbi von der Lega dei Ticinesi bezeichnete den Streik als «unschweizerisch».

Die Lega schreibt sich «Prima i nostri» (zuerst die Unsrigen) auf die Fahnen. Aber im Konflikt um die Schifffahrt ging sie auf Abstand und versuchte stattdessen, Ressentiments gegen die Grenzgänger zu schüren. Das wurde zum Bumerang. Die Leute haben verstanden, dass für die Aufrechterhaltung des Schweizer Lohnniveaus gestreikt wurde. Übrigens wohnen alle Beschäftigten der Schifffahrt im Tessin.

Gab es mit der Zeit Spannungen unter den Streikenden, ob sie weitermachen sollen?

Nein. Die aussergewöhnliche Situation hat die Leute zusammengeschweisst. Sie sind zu einer Comunità, einer Gemeinschaft geworden. Unterschiede, die sonst im Alltag Bedeutung haben, wie die Herkunft, die Funktion im Betrieb, das Alter, sind in der Auseinandersetzung mit den Arbeitgebern in den Hintergrund gerückt. Die Streikenden haben regelmässig demokratisch über das Vorgehen abgestimmt. Die Streikleitung war bei den Gesprächen mit der Regierung dabei. Sie wurde nach dem Streik als Vertretung für die nun anlaufenden Verhandlungen über die Zukunft der Schifffahrt bestätigt. Wichtig war aber auch die Einheit der drei Gewerkschaften, in denen die Belegschaft organisiert ist, Unia, SEV und OCST.

Seit einigen Jahren wird im Tessin wieder häufiger gestreikt.
Kann man von einem neuen Zyklus von Arbeitskämpfen
sprechen?

Seit Ende der 1990er-Jahre hat es im Tessin wieder verstärkte Arbeits-
kämpfe gegeben. Zuerst vor allem in der Baubranche (unter anderem auf
NEAT-Baustellen), wo unsere Gewerkschaft eine starke Mobilisierungs-
kraft aufgebaut hat. Zentral war sodann der Streik bei den Officine in
Bellinzona. Er hat in der Folge Belegschaften in vielen Betrieben in der
Industrie zum Widerstand ermutigt, zum Beispiel bei Trasfor, LATI oder
Exten. Aber auch im Dienstleistungsbereich, beispielsweise in mehreren
Verteilzentren des Detailhandels, im Gastgewerbe, im Verkehr. Die Unia
konnte diese Streiks dank der Tatsache unterstützen, dass wir an den
Arbeitsplätzen und bei den Lohnabhängigen präsenter sind als früher
und in der Öffentlichkeit eine Referenz geworden sind. Der Unia-Kon-
gress hat das zur Leitlinie erhoben: «Verwurzelt in den Betrieben, stark
in der Gesellschaft.»

Gesprächsführung Andreas Rieger

Grundrecht mit Zukunft

Keine zwanzig Jahre ist es her, seit die neue Schweizer Verfassung das Streikrecht anerkannt hat. Kurz zuvor noch hatte das Zürcher Obergericht im Urteil zum Streik bei der Spinnerei Kollbrunn behauptet, dass in der Schweiz ein Streikrecht nicht existiere. Das gegen dieses Urteil angerufene Bundesgericht, das sich während Jahrzehnten um eine klare Stellungnahme zum Streik gedrückt hatte, brachte das Kunststück fertig, nach der Volksabstimmung über die neue Verfassung, aber noch vor deren Inkrafttreten, ein ungeschriebenes Verfassungsrecht auf Streik anzuerkennen, dabei aber gleich wieder neue Fussangeln einzubauen, von denen im Text der neuen Verfassung nichts zu lesen steht.

Durch Verfassung gestütztes Recht

Das Streikrecht war die umstrittenste Bestimmung und die Schicksalsfrage im ganzen Verfassungsprozess. Von den Wirtschaftsverbänden, allen voran vom Arbeitgeberverband, wurde es massiv bekämpft. Für die Gewerkschaften war das Streikrecht die entscheidende Voraussetzung für eine aktive Unterstützung der neuen Verfassung in der Volksabstimmung. Und sie haben sich durchgesetzt. Auf der Stufe der Verfassung ist die Anerkennung des Streikrechts im Jahre 2000 ein grosser Fortschritt. Sie verschafft eine zusätzliche Legitimität, was in einem Land wie der Schweiz, in dem die Gesetze zählen, von nicht zu unterschätzender Bedeutung ist. Wer streikt, macht von einem Grundrecht Gebrauch.

Bemerkenswert bleibt, dass sich die Praxis des Streiks in der Schweiz parallel zur verfassungsmässigen Verankerung seit dem Jahr 2000 sehr vielfältig entwickelt hat. International betrachtet ist die Schweiz zwar ein vergleichsweise streikarmes Land geblieben. Wo es aber zu Streiks gekommen ist, waren diese über alles gesehen in der Bilanz erfolgreich. Und wo Arbeitskämpfe erfolgreich sind, kommt es in der Regel auch nicht mehr zu rechtlichen Auseinandersetzungen. Mit dem Zustandekommen einer Einigung werden meistens auch die Folgen des Arbeitskampfs geregelt.

Es gibt allerdings Ausnahmen. Der Streik der Bauarbeiter im Jahr 2002 für die Rente ab 60 war der bedeutendste und erfolgreichste Branchenstreik der Schweiz seit Jahrzehnten. Das hinderte das Bundesgericht sechs Jahre später jedoch nicht daran, die Führung der damaligen GBI im Zusammenhang mit der grössten und wirksamsten Streikaktion, der Blockade am Baregg, wegen Nötigung zu bedingten Geldstrafen zu verurteilen. Ähnliche oder grössere Verkehrsbehinderungen nach Fussballspielen waren ohne strafrechtliche Folgen geblieben. Das Gericht bekundete offensichtlich Mühe damit, anzuerkennen, dass das grundrechtlich geschützte Streikrecht zwingend mit einer gewissen Druckausübung verbunden ist.

In der Praxis von grösserer Bedeutung waren allerdings die Verfahren im Zusammenhang mit dem Zutrittsrecht der Gewerkschaften zu Baustellen und Betrieben. Es gibt Unternehmen, die eine Armada von Anwälten beschäftigen, um die Belegschaft und die Gewerkschaften einzuschüchtern. Der Erfolg dieser Bemühung ist gering. Verschiedener Rückschläge zum Trotz setzt sich auch bei den Behörden langsam die Erkenntnis durch, dass das Zutrittsrecht eine zwingende Folge der Koalitionsfreiheit ist.

Die Auseinandersetzungen um das Streikrecht sind seit eh und je stark politisch geprägt. Bis hin zu den Gerichten. Das war früher nicht anders. Auch wenn das Koalitionsrecht und die Arbeitskampffreiheit zwingend zu einer Demokratie gehören, passen den Arbeitgeberverbänden und den politischen Kräften, die sich an ihren Interessen orientieren, weder der Streik noch das Streikrecht – verschieben doch allein schon das Recht und die Fähigkeit, von diesem Recht auch zu Gebrauch machen, wenn es nötig wird, die Kräfteverhältnisse. Dieses Bewusstsein muss gepflegt werden.

Transnationale Rechte

Dass politisch immer wieder versucht wird, das Streikrecht einzuschränken und wenn möglich abzuwürgen, zeigt auch ein Blick auf den internationalen Kontext. In verschiedenen europäischen Ländern (Grossbritannien, Belgien) gab es diesbezüglich Versuche, ganz zu schweigen von den Schikanen in autoritär regierten Staaten.

Von einer neuen Aggressivität der Arbeitgeberseite nicht unberührt blieben auch Institutionen wie der Europäische Gerichtshof (Fälle Viking, Laval) und die Internationale Arbeitsorganisation. Solange es darum ging, den Regimes des Ostblocks Lektionen in Sachen Freiheit zu erteilen, war das Streikrecht als grundlegende demokratische Errungenschaft auch für die Arbeitgeberseite nicht antastbar. Seither sind in den neoliberal geprägten Jahren auf Arbeitgeber-, aber auch auf Regierungsseite die Kräfte stärker geworden, die auch vor Angriffen auf das Streikrecht und andere Errungenschaften des Koalitionsrechts wie die Tarifverträge und die Tariffreiheit nicht mehr zurückschrecken.

Es gibt aber auch Lichtblicke. Insgesamt sind die internationalen Institutionen stabil und in Zeiten der Globalisierung unverzichtbar. Die UNO-Agenda 2030 für nachhaltige Entwicklung schliesst erstmals ausdrücklich auch arbeitsrechtliche Ziele ein. Und die neuere Praxis des Europäischen Gerichtshofs für Menschenrechte zu Art. 11 EMRK entwickelt anhand türkischer Fälle zunehmend eine Rechtsprechung, die im Unterschied zu früher nicht mehr die negative Koalitionsfreiheit, nämlich das Recht, einer Gewerkschaft fernzubleiben, sondern die positive Koalitionsfreiheit betont. Zur positiv verstandenen Gewerkschaftsfreiheit gehört nach dieser Rechtsprechung auch das Streikrecht.

Die transnational verankerten Menschenrechte waren somit für die Schweiz nicht nur deshalb zentral, weil erst sie bei der Verfassungsrevision nach dem Konzept der Nachführung den ausgebauten Grundrechtskatalog unter Einschluss des Streikrechts möglich machten. Mit dem individuellen Beschwerderecht der EMRK steht auch ein wirksamer Rechtsschutz zur Verfügung, der bei den anderen Konventionen fehlt. Bei allen fortbestehenden Schwierigkeiten, beispielsweise dem ungenügenden Schutz gegen grundrechtswidrige Kündigungen, gehört diese Rechtsprechung genauso wie die neue Schweizer Verfassung zu den positiven Entwicklungen der letzten Jahre.

Die Praxis zählt

So wichtig die Entwicklungen beim Streikrecht sind: Noch wichtiger ist die Praxis des Streiks. Oder wie die denkwürdige Präambel unserer Verfassung formuliert, dass «frei nur ist, wer seine Freiheit gebraucht». Welche Lehren lassen sich im Verhältnis des Streikrechts zur Streikpraxis aus den Erfahrungen der letzten zwanzig Jahre ziehen?

Der Streik ist ein Grundrecht der Beschäftigten und ihrer Organisationen, der Gewerkschaften. Deshalb ist es wichtig, wie sich die Gewerkschaften selbst zum Streikrecht und zur Streikpraxis verhalten – und wie sie dieses Recht verstehen. Schon anlässlich der Verabschiedung der Parole zur neuen Verfassung hatte der Vorstand des SGB eine Erklärung mit den wichtigsten Grundsätzen verabschiedet. Eine aus-

Erklärung des SGB zum Streikrecht

1. Das Streikrecht gehört zu den elementaren Rechten der arbeitenden Menschen: Es beinhaltet nichts anderes als das Recht der Lohnabhängigen, sich nötigenfalls mit dem Kampfmittel des Streiks kollektiv zur Wehr zu setzen.

2. Gegenüber der einzelnen Arbeitnehmerin und dem einzelnen Arbeitnehmer diktiert der Arbeitgeber die Arbeitsbedingungen. Das Recht, sich in Gewerkschaften zu organisieren, und das Streikrecht sind das Gegengewicht zur Macht der Arbeitgeber.

3. Das Recht, sich gewerkschaftlich zu organisieren, gehört zum harten Kern der durch die internationalen Konventionen garantierten Arbeitsrechte, die von den Staaten unabhängig davon gewährleistet werden müssen, ob sie diese Konventionen ratifiziert haben oder nicht.

4. Als Arbeitskampfmittel muss der Streik von den Lohnabhängigen selber getragen und kann nicht an andere delegiert werden. Der Streik setzt nicht nur den Arbeitgeber unter Druck, sondern appelliert gleichzeitig in hohem Mass an die demokratische Öffentlichkeit.

5. Der Streik ist zur Verteidigung sozialer Errungenschaften immer wieder erfolgreich eingesetzt worden. Er erfüllt aber auch eine offensive Rolle: Bis in die jüngste Zeit wurden grössere soziale Fortschritte oft nur in der Folge und unter dem Druck von Streikbewegungen erzielt.

6. Die neue Bundesverfassung anerkennt ausdrücklich die grundlegende Bedeutung der Gewerkschaften und des Streikrechts. Statt dies als Selbstverständlichkeit anzuerkennen, rufen Arbeitgeber neuestens nach jeder kämpferischen Auseinandersetzung um Arbeitsbedingungen nach den Gerichten und drohen mit Klagen.

9. Ebenso neu wie verfehlt sind schliesslich die Absichten gewisser Juristen, die zulässigen Ziele des Streiks wieder einzuschränken. Gemäss Bundesverfassung ist der Streik zulässig, wenn er Arbeitsbeziehungen betrifft und keiner Pflicht zur Wahrung des Arbeitsfriedens entgegensteht.

10. Der Arbeitsfriede ist kein Grundrecht, sondern eine Verpflichtung, die im Rahmen eines Gesamtarbeitsvertrages vereinbart werden kann. Verträge sind selbstverständlich einzuhalten. Dies gilt für beide Seiten. Wo ein Arbeitgeber die Grundlagen des Vertrages bricht, kann er sich auch nicht mehr auf eine Friedenspflicht berufen.

11. Die Gewerkschaften suchen den Streik und den Arbeitskampf nicht. Der Streik ist ein Mittel, das an die Beteiligten hohe Anforderungen stellt, und kein Ziel. Ziel ist die Verteidigung und die Verbesserung der Arbeitsbedingungen, abgesichert durch gute Gesamtarbeitsverträge.

(leicht gekürzte Fassung der Resolution des SGB-Kongresses 2006) führliche Erklärung zum Streikrecht folgte vor dem Hintergrund grösserer Auseinandersetzungen in der Öffentlichkeit am SGB-Kongress vom November 2006. Begleitet wurden diese Erklärungen von zwei SGB-Broschüren zum 1. Mai 2000 *(Streiks in der Schweiz. Zeichen der Veränderung)* und zum 90. Jahrestag des Generalstreiks 2008 *(Streiken wirkt).*

Eine Analyse der Streiks dieser Jahre zeigt, dass die Gewerkschaften durchwegs eine entscheidende Rolle spielten. Bei Branchenbewegungen sowieso. Aber auch bei Aktionen gegen Betriebsschliessungen, Missstände und Ungerechtigkeiten. Umso wichtiger ist es für die Zukunft, aus der Vielzahl der gemachten Erfahrungen zu lernen. Der Streik kann nicht delegiert, sondern muss von den Betroffenen selber getragen werden. Jede kollektive Aktion hat eine eigene Geschichte und folgt spezifischen Regeln. Aber es ist entscheidend, auf die Erfahrung und das Wissen über die Auslösung, die Dynamik und den Abschluss kollektiver Aktionen zurückgreifen zu können. Dieses Know-how zu den vielfältigen kollektiven Aktionsformen, von denen der Streik nur das letzte und stärkste Mittel ist, ist in den Gewerkschaften präsent. Es muss sorgfältig gepflegt werden.

Recht mit Zukunft

Wie verhält es sich grundsätzlich mit den Möglichkeiten kollektiver Aktionen heute und in absehbarer Zukunft? Für die Lohnabhängigen ist die Auslösung kollektiver Aktionen in einer zunehmend arbeitsteiligen und digitalisierten Wirtschaft anspruchsvoller geworden, führen diese Produktionsformen doch zu einer immer stärkeren Vereinzelung. Das heisst allerdings nicht, dass die objektiven Bedingungen für erfolgreiche Bewegungen grundsätzlich schlechter geworden wären. Wie immer ist es hilfreich, nicht bei den eigenen Schwierigkeiten stehen zu bleiben, sondern auch einen Blick auf die andere Seite zu werfen. Gerade die hohe Arbeitsteiligkeit und Komplexität der Produktionsprozesse, auch im Dienstleistungssektor, führen zu einer hohen Störungsanfälligkeit. Viele Unternehmen investieren grosse Summen in Werbung und Imagepflege. Mit einem Streik steht plötzlich höchst öffentlichkeitswirksam eine berechtigte Forderung oder ein Protest gegen unhaltbare Zustände im Umgang mit den Beschäftigten und ihren Arbeitsplätzen auf dem Prüfstand.

Wie Judith Butler in ihren «Anmerkungen zu einer performativen Theorie der Versammlung» jüngst formulierte, treten die Betroffenen bei kollektiven Aktionen wie Versammlungen, Demonstrationen oder Streiks persönlich und mit ihrem eigenen Körper für ihre Anliegen ein, was ihrer Sache eine hohe Dringlichkeit und Emotionalität verleiht. Diese Aktionsformen sind Beispiele für die hohe Wirksamkeit kollektiver Aktionen. Die stärkste davon ist der Streik. Er führt der Unternehmensleitung vor Augen, wie sehr sie darauf angewiesen ist, dass gearbeitet wird und alles reibungslos funktioniert.

Denn der Arbeitsvertrag ist ein unvollkommener Vertrag. Rechtlich regelt er das Austauschverhältnis von in (Arbeits-)Zeit gemessener Arbeit gegen Lohn. Der Arbeitsinhalt wird, ausgehend von einer bestimmten beruflichen Tätigkeit, im Alltag bestimmt. Das Arbeitsverhältnis beruht konkret auf der tagtäglich manifestierten Bereitschaft zur Kooperation. Weil diese Bereitschaft zur Kooperation die unverzichtbare Basis des Arbeitsverhältnisses ist, ist die Macht der Beschäftigten meistens grösser, als ihnen bewusst ist. Voraussetzung dafür, diese Macht zur Geltung zu bringen, ist die Bereitschaft, die Vereinzelung zu überwinden und gemeinsam für eine berechtigte Forderung einzutreten.

In der Praxis der Unternehmen in unseren Gesellschaften, auch in der Schweiz, zeigt sich immer wieder eine grosse Respektlosigkeit gegenüber den arbeitenden Menschen. Sie führt bei den Betroffenen, die sich individuell schlecht wehren können, zu angestauter Wut. Diese Wut wird politisch von Rechtspopulisten bewirtschaftet und äussert sich dann in Ressentiments gegenüber Menschen anderer Herkunft oder gegenüber sozial Schwächeren. Umso mehr kommt es heute darauf an, die Fähigkeit zur kollektiven Aktion, zur Solidarität, wieder zu entwickeln. Kollektive Aktionen bis hin zu einem Streik sind die beste Schule der Solidarität. Sie verleihen den Menschen eine Würde, die allzu oft übergangen wird. Und sie sind auch eine wirksame Medizin gegen die Spaltung der Belegschaften.

Paul Rechsteiner

Vielfalt der Streiks in Europa

Ohne das Recht auf Streik wären Tarifverhandlungen nicht mehr als «kollektives Betteln». Das hat das deutsche Bundesarbeitsgericht 1980 festgestellt. Die zeitweilige Einstellung der Arbeit ist ein unerlässliches Mittel abhängig Beschäftigter, um ihre Forderungen durchzusetzen. In den Industrie- und Dienstleistungsgesellschaften Europas sind Streiks sehr eng mit der Existenz von Gewerkschaften und dem Aushandeln von Kollektiv- oder Tarifverträgen verbunden. Streiks können je nach Zeit und Umständen sowohl Ausdruck offensiven Selbstvertrauens der Beschäftigten als auch aufgezwungene Abwehr unternehmerischer Angriffs sein, oftmals sind sie ein Mix aus beidem. Gewerkschaften, Unternehmen, Arbeitgeberverbände und auch der Staat sind eigensinnige Akteure, weshalb sich aus ähnlichen Konstellationen ganz unterschiedliche Konfliktverläufe entwickeln können.

Das Streikgeschehen in Europa offenbart ein sehr buntes und vielfältiges Bild. Neben Ländern wie der Schweiz, Österreich oder den baltischen Staaten, in denen es selten zu grösseren Arbeitsniederlegungen kommt, stehen andere wie beispielsweise Griechenland, Italien oder Frankreich im Ruf, permanent im Streik zu sein. Die übrigen europäischen Länder werden irgendwo zwischen diesen beiden Polen verortet, wobei es Grossbritannien zumindest medial gelungen ist, seinen historischen Ruf als Zentrum besonders häufiger Streiks loszuwerden. Festzuhalten ist jedoch bereits jetzt: Verschwunden ist der Streik nirgends, er hat sich allerdings in vielen Ländern gewandelt.

Die Bedeutung von Streiks

Beschäftigte und Gewerkschaften verfügen über ein historisch gewachsenes, durch eigene Erfahrungen und spezifische institutionelle und kulturelle Rahmenbedingungen geprägtes Handlungsrepertoire, mit dem sie ihre kollektiven Interessen durchzusetzen versuchen. Dieses Repertoire unterscheidet sich je nach Land, Branche und Gewerkschaft. Ob und wie häufig es zum Arbeitskampf kommt, hängt auch davon ab, welche alternativen Möglichkeiten der Interessendurchsetzung den Gewerkschaften zur Verfügung stehen und welche Verhandlungs- und Konfliktkultur sich in den jeweiligen Ländern oder Branchen herausgebildet hat.

So gibt es beispielsweise in Deutschland mit der Institution des Betriebsrats ein wirksames Instrument der betrieblichen Interessendurchsetzung, das zugleich dafür sorgt, dass Konflikte institutionell kanalisiert und auf dem Verhandlungs- oder Rechtsweg geklärt werden. Den Schweizer Gewerkschaften wiederum stehen mit den Instrumenten der direkten Demokratie wie Volksinitiative und Referendum Möglichkeiten der politischen Einflussnahme zur Verfügung, die in dieser Form einmalig sind. In den südeuropäischen Ländern hingegen werden politische Konflikte häufig mit dem Mittel des politischen Streiks ausgetragen, der ihren Schwesterorganisationen in einigen anderen Ländern Europas, wie zum Beispiel in Deutschland oder Grossbritannien, explizit verwehrt ist. In diesen und anderen Ländern sind politische Grossdemonstrationen das Mittel der Wahl.

Aber nicht nur die Handlungsmöglichkeiten, sondern auch die Verhandlungskulturen unterscheiden sich innerhalb Europas erheblich. Streiks sind in keinem Land Europas eine Alltagserscheinung, sie sind immer ein besonderes Ereignis, das zunächst einmal der Gegenseite die Botschaft übermitteln soll, dass es ein Problem gibt, für das die Beschäftigten eine Lösung erwarten. Während jedoch beispielsweise in Frankreich der Streik vielfach am Beginn von Verhandlungen steht, wird er in anderen Ländern wie Deutschland und der Schweiz traditionell eher als letztes Mittel angesehen, das erst dann voll zum Tragen kommen soll, wenn Verhandlungen gescheitert sind.

Hinzu kommen ganz unterschiedliche Formen der Konfliktaustragung. Während es beispielsweise in Frankreich zum Protestalltag gehört, dass parallel zu Streiks Strassen blockiert und Reifen verbrannt werden, wird in der Schweiz schon eine simple Arbeitsniederlegung als ungewöhnliches Ereignis wahrgenommen. In Österreich, mit seiner Konsenskultur und der sehr intensiven Einbindung der Gewerkschaften, sind Streiks ebenfalls seltene Ereignisse, während in Belgien, Frankreich, Griechenland und Italien selbst von den Regierungen Generalstreiks als normale Begleiterscheinung des Gesetzgebungsprozesses hingenommen werden. Letztere gleichen freilich in ihrer Form eher grösseren Demonstrationen und legen nur in Ausnahmefällen, wie die starken Streiks gegen die Reform des Arbeitsgesetzes 2016 in Frankreich, wirklich Teile eines Landes lahm.

Das Streikrecht ist in den Ländern Europas sehr unterschiedlich geregelt. Während es beispielsweise in Frankreich ein individuelles Streikrecht gibt, das allen Beschäftigten per Verfassung garantiert ist, haben in vielen anderen Ländern allein die Gewerkschaften das Recht, zu Streiks aufzurufen. Wie das Streikrecht wahrgenommen werden kann, unterliegt unterschiedlichen rechtlichen Regelungen und oft auch Einschränkungen. Häufig gibt es Ankündigungsfristen, die überraschende Streikaktionen unmöglich machen. Politische Streiks sind, wie bereits angedeutet, in einer Reihe von Staaten wie z. B. Deutschland oder Grossbritannien unzulässig. In mehreren Ländern wurde das Streikrecht in den letzten Jahren verschärft. In Grossbritannien hat die konservative Regierung unter Cameron die Hürden für Urabstimmungen insbesondere im öffentlichen Dienst, aber auch in der Privatwirtschaft deutlich nach oben gesetzt. Hinzu kamen neue Ankündigungsfristen, sodass gesetzeskonforme Überraschungsaktionen kaum möglich sind, und es wurden einmal mehr die Auflagen für Streikposten verschärft. In Frankreich ist bei Streiks im Bereich öffentlicher Dienstleistungen bereits seit einigen Jahren ein substanzieller Notdienst (service minimum) verpflichtend, und auch hier wurden 2008 Ankündigungsfristen für Streiks gesetzlich festgelegt. Besonders restriktiv sind die Streikgesetze in einigen osteuropäischen Staaten, weshalb es hier vor allem nach der Finanzkrise eher zu umfangreichen Demonstrationen kam, worauf dann 2013 das Demonstrationsrecht verschärft wurde, um auch diese Protestmöglichkeiten einzuschränken.

Auf europäischer Ebene erregten 2007 zwei Urteile des Europäischen Gerichtshofs Aufsehen, bei denen es einmal um einen Streik gegen das Ausflaggen eines finnischen Fährschiffs der Viking Line und zum anderen um einen Arbeitskampf in Schweden ging, mit dem schwedische Gewerkschaften erreichen wollten, dass eine lettische Baufirma für ihre entsandten Beschäftigten einen schwedischen Tarifvertrag mit höheren Löhnen abschliessen sollte. Beide Urteile gingen zugunsten der Unternehmen aus und alarmierten die Gewerkschaften, die darin eine Einmischung in nationales Streikrecht sahen.

International von Bedeutung ist eine Auseinandersetzung innerhalb der Internationalen Arbeitsorganisation (ILO) in Genf. Hier stellt die Arbeitgeberseite seit Mitte der 1990er-Jahre zunehmend den bis dahin informell geltenden Konsens infrage, dass die im Übereinkommen 87 der ILO niedergelegten Bestimmungen zur Vereinigungs- und Koalitionsfreiheit implizit auch ein Recht auf Streik beinhalten. Sie weigern sich deshalb seit 2012 dagegen, dass sich die ILO überhaupt mit Beschwerden zu Streikrechtseinschränkungen befasst.

Die Erfassung der Streiks

Die statistische Erfassung von Streiks unterliegt in Europa keinen einheitlichen Regeln (vgl. Dribbusch/Vandaele 2016). Für Bulgarien, Kroatien, Slowenien und Tschechien liegen gar keine Streikstatistiken vor. In Griechenland wurde die Streikstatistik 1997 eingestellt, in Island 2004, in Italien 2009 und in Rumänien 2010. Hinzu kommt das Problem, dass in einigen Ländern kleinere oder sehr kurze Streiks nicht erfasst werden, in anderen hingegen grundsätzlich alle Arbeitsniederlegungen registriert werden. In einigen Ländern, darunter Portugal und Frankreich, gelten die Daten nur für den Privatsektor. Kurzum: Mangels einheitlicher Kriterien sollten internationale Streikstatistiken mit entsprechender Vorsicht interpretiert werden. Sie können lediglich grobe Tendenzen aufzeigen, bilden aber keinesfalls umfassend das Streikgeschehen ab. Einen Überblick über die in Europa zur Verfügung stehenden Streikdaten liefert das Brüsseler Gewerkschaftsinstitut ETUI in Form einer fortlaufend aktualisierten interaktiven Streikkarte (www.etui.org).

Als Quelle der nationalen Statistiken dienen in den meisten Fällen Erhebungen bei Arbeitgeberverbänden und Unternehmen, die aber häufig nicht alle Streiks melden. In Deutschland hat das Wirtschafts- und Sozialwissenschaftliche Institut (WSI) der Hans-Böckler-Stiftung Mitte der 2000er-Jahre eine eigene, auf Gewerkschaftsdaten und Medienauswertungen gestützte Arbeitskampfstatistik begonnen, die erheblich höhere Werte als die amtliche Statistik der Bundesagentur für Arbeit (BA) ausweist. Für die Schweiz hat Rieger (2017) gezeigt, dass die amtliche Statistik ebenfalls nicht alle Arbeitskämpfe erfasst.

Um die Streikaktivität einzelner Länder quantitativ miteinander zu vergleichen, ist die am besten zu vergleichende Kennziffer das sogenannte relative Arbeitskampfvolumen. Darunter wird die Zahl der durch Streik und Aussperrung ausgefallenen Arbeitstage pro 1000 Beschäftigte verstanden.

Im europäischen Vergleich liegt hier Zypern mit grossem Abstand an der Spitze, was allerdings vor allem auf einen grossen Arbeitskampf in der Bauindustrie im Jahr 2013 zurückzuführen ist. Dänemark ver-

dankt seinen oberen Tabellenplatz nicht zuletzt einer grossen Aussperrung im Schulwesen im Jahr 2013. Mit Norwegen und Finnland liegen
zwei weitere skandinavische Länder auf Plätzen, auf denen sie gemein-
hin eher nicht vermutet würden, ganz anders als Frankreich, Belgien
oder Spanien, die seit Langem als streikintensive Länder gelten. Im Fall
Deutschlands weist die amtliche Statistik lediglich etwas mehr als einen
Drittel des Arbeitskampfvolumens aus, das das WSI ermittelt hat. Am
unteren Ende der Skala finden wir neben den baltischen Staaten auch
die traditionell als arbeitskampfarm geltenden Alpenrepubliken Österreich und Schweiz. Dass die Schweiz in dieser Statistik einen der unters-
ten Plätze einnimmt, ist dabei wenig verwunderlich. Hier gibt es selten
Streiks, die zudem meist sehr kurz sind, selten in Grossbetrieben stattfinden und mit Ausnahme des Bausektors so gut wie nie ganze Branchen
umfassen.

Arbeitskampfbedingte Ausfalltage pro 1000 Beschäftigte, Jahresdurchschnitt 2006–2015

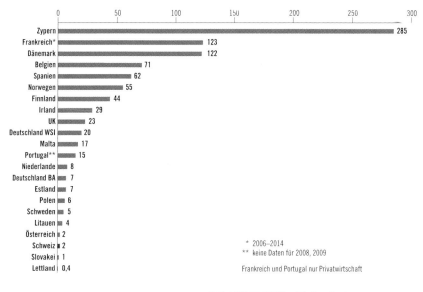

Zypern	285
Frankreich*	123
Dänemark	122
Belgien	71
Spanien	62
Norwegen	55
Finnland	44
Irland	29
UK	23
Deutschland WSI	20
Malta	17
Portugal**	15
Niederlande	8
Deutschland BA	7
Estland	7
Polen	6
Schweden	5
Litauen	4
Österreich	2
Schweiz	2
Slovakei	1
Lettland	0,4

* 2006–2014
** keine Daten für 2008, 2009

Frankreich und Portugal nur Privatwirtschaft

Quellen: Nationale Statistiken, WSI, eigene Berechnung

Entwicklungen

So unterschiedlich sich die einzelnen Länder Europas in der Streikstatistik präsentieren, so unterschiedlich war dort auch die Entwicklung in den letzten Jahrzehnten. Zwar liegt in mehreren westeuropäischen Ländern das durchschnittliche Streikvolumen in den 2000er-Jahren deutlich unter dem der streikintensiven 1970er-Jahre. Für die jüngere Zeit ab Mitte der 1990er-Jahre ist jedoch kein verallgemeinerbarer Trend erkennbar (vgl. Vandaele 2016). In mehreren Ländern zeigen sich Verlagerungen des Streikgeschehens in neue Sektoren sowie Veränderungen der Form, in der gestreikt wird. Bei aller Vorsicht vor Verallgemeinerungen zeichnet sich vor allem ein Trend ab: weg von grossen, langen Branchenkonflikten hin zu kleineren, oft kurzzeitigen, firmeninternen Arbeitsniederlegungen. Die Ursache hierfür liegt häufig nicht zuletzt in Veränderungen im Tarifsystem. Am Beispiel Deutschlands sollen einige dieser Veränderungen kurz skizziert werden.

In Deutschland lässt sich ab Mitte der 2000er-Jahre eine deutliche Verlagerung des Streikgeschehens in den Dienstleistungsbereich beobachten (Bewernitz/Dribbusch 2014). Sie ist zum einen die Folge des politisch gewollten Wandels des öffentlichen Dienstes hin zu einem von Marktbeziehungen geprägten Sektor. Der Privatisierung und Liberalisierung des Bahnverkehrs und der Postdienste folgten die kommunalen Versorgungs- und Nahverkehrsbetriebe sowie schliesslich das Gesundheitswesen. Folge war eine enorme Zersplitterung der Tariflandschaft. An die Stelle weniger, relativ umfassender Tarifwerke traten viele kleinere Branchen- sowie Hunderte von Haustarifverträgen. Hinzu kam eine abnehmende Bindekraft der Flächentarifverträge im Bereich privater Dienstleistungen. Befördert wird die Erosion des tradierten Tarifsystems aktuell auch durch umfangreiche Ausgliederungsprozesse entlang der Wertschöpfungsketten, die besonders in der Automobilindustrie zu beobachten sind.

Diese Prozesse werden von einer grösseren Konfliktbereitschaft der Unternehmen und Arbeitgeberverbände begleitet. Diese drückt sich in einer Tarifflucht aus sowie in der Weigerung, überhaupt Tarifverträge abzuschliessen; der sich nunmehr seit Jahren hinziehende Arbeitskampf bei Amazon ist hierfür nur das bekannteste Beispiel. Gleichzeitig ist aber auch die Konfliktbereitschaft der Gewerkschaften gewachsen. Deren traditionelle Streikzurückhaltung geriet in dem Mass unter Druck, in dem die Forderungen von Unternehmen oder öffentlichen Arbeitgebern nach Einschnitten in tarifliche Errungenschaften kaum noch posi-

tive Verhandlungsspielräume zuliessen. Die Bereitschaft der Beschäftigten, sich Zugeständnisse abpressen zu lassen, Niedriglöhne zu akzeptieren oder angesichts steigender Belastungen eine fehlende finanzielle
Anerkennung ihrer Arbeit hinzunehmen, sank. Frische Impulse kamen
auch dank der Öffnung gegenüber konfliktorientierten angelsächsi-
schen Kampagnen- und Organisierungsansätzen. Dem seit Beginn der
1990er-Jahre anhaltenden Mitgliederverlust wurde nicht länger fatalis-
tisch begegnet, vielmehr setzte sich im Dienstleistungsbereich der Ge-
danke durch, dass schwache betriebliche Verankerung und mangelnde
Arbeitskampffähigkeit kein unveränderliches Schicksal darstellen (vgl.
u. a. Koscis et al. 2013).

Prominente Folge dieser Entwicklung war, dass Beschäftigtengruppen,
die in der Vergangenheit kaum durch Streiks in Erscheinung getreten
waren, nunmehr verstärkt zu Arbeitskampfmassnahmen griffen. Zu
nennen sind hier insbesondere die früher verbeamteten, nun aber nur
noch angestellten LokführerInnen, die ÄrztInnen sowie das Pflegeper-
sonal in den Spitälern, die früher als nicht bestreikbar galten, aber auch
GebäudereinigerInnen sowie nicht zuletzt ErzieherInnen und Sozial-
arbeiterInnen sowie angestellte LehrerInnen. Im Einzelhandel, in dem
bis in die 1990er-Jahre bestenfalls stundenweise gestreikt wurde, sind
heute teilweise mehrtägige Streiks möglich, in denen mitunter auch
neue Formen des Arbeitskampfs wie Flashmobs erprobt werden. Das
Gesundheitswesen, der Sozial- und Erziehungsdienst, der Einzelhandel
oder die Gebäudereinigung sind Branchen, in denen Frauen häufig die
Mehrheit der Beschäftigten stellen; entsprechend dominieren sie auch
die neuen Streikaktivitäten in diesen Branchen.

    Auch im Bereich der IG Metall, wo der letzte grosse Flächenstreik
2003 in Ostdeutschland um die 35-Stunden-Woche geführt wurde (und
mit einer Niederlage endete), hat die Zahl der kleineren Konflikte um
Haustarife in den letzten Jahren imm enger. Eine immer enger vernetzte
Produktion ist dabei sehr anfällig selbst für stundenweise Unterbre-
chungen entlang der Zuliefererkette. Dies hat bei der IG Metall zur Entwicklung neuer, flexibler Streikformen geführt, deren umfangreiche Be-
währungsprobe allerdings noch bevorsteht. Ganz allgemein bestätigt
sich die Feststellung, dass, wohin immer auch das Kapital geht, der Konflikt mitgeht.

In einigen westeuropäischen Ländern lässt sich in den 2000er-Jahren
parallel zu einem Rückgang industrieller Streiktätigkeit eine Zunahme

an politischen Streiks beobachten (Hamann et al. 2012). So hat die im Gefolge der Finanzkrise in Griechenland, Portugal und Spanien durchgesetzte Sparpolitik zu zahlreichen, teils umfangreichen Generalstreiks geführt. Am häufigsten wurde in Griechenland zu diesem Mittel der Interessendurchsetzung gegriffen. Viele dieser Protestaktionen, die sich vor allem in Grossdemonstrationen ausdrückten, wurden dabei nicht allein von den Gewerkschaften organisiert. Die Erfolge blieben in den meisten Fällen eng begrenzt. Dies gilt auch für die politischen Streiks und Demonstrationen des Jahres 2016 gegen das neue Arbeitsgesetz in Frankreich. In Grossbritannien konzentrierten sich die grössten gewerkschaftlichen Protestaktionen auf den öffentlichen Dienst, wo 2011 und 2014 umfangreiche, von Streiks begleitete Aktionstage gegen Kürzungen stattfanden. In Finnland kam es aus Anlass eines einschneidenden Sparprogramms der Regierung 2015 zum ersten Generalstreik nach 1986, der breit befolgt wurde und das Land weitgehend paralysierte.

Mobilisierung auf europäischer Ebene

Europäische Gewerkschaftspolitik spielt, mit wenigen Ausnahmen, im gewerkschaftlichen Alltag nur eine marginale Rolle. Einen wie auch immer gearteten Basis-Internationalismus gibt es in den meisten Ländern nicht. Für die meisten Länder gilt, dass die Europapolitik in erster Linie Sache hauptamtlicher SpezialistInnen bei den Gewerkschaften ist. Zugleich geht der Prozess der gewerkschaftlichen Verständigung über den Charakter der EU-Politik und deren Auswirkungen weiter (Pedrina 2013). Die erfolgreichen internationalen Kampagnen zu Port-Package I und II und zur Bolkestein-Direktive zeigen, dass eine alle EU-Länder gleichermassen erfassende Mobilisierung nicht zwingend notwendig ist und es auch nicht des europäischen Massenstreiks bedarf, um Erfolg zu haben (Dribbusch 2014). In eine ähnliche Richtung deutet die breite Mobilisierung gegen die Freihandelsabkommen CETA und TTIP. Entscheidend ist, wer mitmacht, und ob das Thema auf andere überspringt. Wenn es um einen Kurswechsel in Europa ginge, würden nennenswerte Proteste in Frankreich und vor allem in Deutschland die Austeritätspolitik der Troika weit mehr erschüttern als ein weiterer Generalstreik in Griechenland oder Portugal.

Fazit

Es gibt kein Anzeichen dafür, dass der Streik aus dem Handlungsrepertoire der europäischen Gewerkschaften verschwindet – und aus dem der Beschäftigten ohnehin nicht. Der Arbeitskampf hat auch in der «postindustriellen Gesellschaft» seinen festen Platz. Die Häufigkeit und die Form der Anwendung dieses Kampfmittels sind allerdings in Europa sehr unterschiedlich ausgeprägt. Auch die Entwicklung der Streikaktivität folgt keinem einheitlichen Muster. In vielen Ländern und Branchen befinden sich Beschäftigte und Gewerkschaften nach wie vor eher in der Defensive, streiken vielfach vor allem zur Abwehr von Unternehmensforderungen oder gegen Sozialabbau. Aber es gibt auch immer wieder Beispiele für erfolgreiche Arbeitskämpfe, in denen proaktiv Verbesserungen der Arbeitsbedingungen durchgesetzt werden konnten. Unter dem Motto «mehr von uns ist besser für alle» setzten beispielsweise streikende PflegerInnen in einer der grössten Kliniken Europas, der Berliner Charité, eine bessere Personalbemessung durch.

Streiks erfordern gerade dann, wenn wenig Arbeitskampferfahrung vorhanden ist, persönlichen Mut und Konfliktbereitschaft. Die Arbeitsniederlegung bricht mit dem Arbeitsalltag und enthält Elemente von Selbstorganisation sowie zivilem Ungehorsam. Beschäftigte haben meist ein recht pragmatisches Verhältnis zu diesem Mittel der Interessendurchsetzung. Sie beurteilen Streiks vor allem nach ihrem Erfolg, wozu neben dem materiellen Ergebnis gehört, inwieweit sie ihre Stellung im Betrieb gestärkt oder geschwächt sehen.

Heiner Dribbusch

Literatur

Bewernitz, Torsten / Dribbusch, Heiner «Kein Tag ohne Streik». Arbeitskampfentwicklung im Dienstleistungssektor, in: *WSI-Mitteilungen*, 67 (5), 2014, S. 393–401.

Dribbusch, Heiner «Voraussetzungen internationaler Solidarität: Zur Diskussion um einen europäischen Generalstreik», in: *WSI-Mitteilungen*, 67 (5), 2014, S. 337–344.

Dribbusch, Heiner / Vandaele, Kurt «Comparing official strike data in Europe – dealing with varieties of strike recording», in: *Transfer: European Review of Labour and Research*, 22 (3), 2016, S. 413–418.

Hamann, Kerstin / Johnstong, Alison / Kelly, John «Generalstreiks in Westeuropa 1980–2011», in: Gallas, A. / Nowak, J. / Wilde, F. (Hg.): *Politische Streiks im Europa der Krise*, Hamburg 2012, S. 107–113.

Koscis, Andrea / Sterkel, Gabriele / Wiedemuth, Jörg (Hg.), *Organisieren am Konflikt. Tarifauseinandersetzungen und Mitgliederentwicklung im Dienstleistungssektor*, Hamburg 2013.

Pedrina,Vasco «Gewerkschaftliche Strategien für ein ‹anderes Europa›», in: *Gegenblende*, 21 (Mai/Juni), 2013.

Rieger, Andreas, «Renaissance der Arbeitskämpfe in der Schweiz», in: *Widerspruch*, 69 , 2017, S. 115–126.

Vandaele, Kurt, «Interpreting strike activity in western Europe in the past 20 years: the labour repertoire under pressure», in: *Transfer*, 22 (3), 2016, S. 277–294.

Ein neuer Zyklus
von Arbeitskämpfen

Streiks sind in der Schweiz immer wieder eine Überraschung. Sie stellen plötzlich die uneingeschränkte Verfügungsgewalt der Patrons infrage. Sie schweissen Belegschaften zusammen. Sie elektrisieren die Öffentlichkeit und appellieren an die politischen Behörden.

Eigentlich sollte es Streiks in der Schweiz gar nicht geben. Im vorherrschenden ideologischen Selbstbild des Landes ist nur der permanente Arbeitsfriede vorgesehen. Und vom Standpunkt der Arbeitgeber aus entbehren kollektive Arbeitskämpfe jeglicher Berechtigung. Die Argumentationsmuster der Streikabwehr wiederholen sich seit Jahrzehnten:

- Streiks seien nicht zulässig, sie verletzten die vertragliche Arbeitspflicht. Diese Behauptung hat auch die Verankerung des Streikrechts in der Bundesverfassung überlebt.
- In der Schweiz würden Konflikte durch die Sozialpartnerschaft gelöst.
- Streiks seien unschweizerisch, AusländerInnen seien für sie verantwortlich. Das früher häufige xenophobe Argument taucht wieder auf.
- Wenn irgendwo gestreikt werde, stecke die Unia dahinter, lautet eine andere Drahtzieherthese.
- Streiks seien antiquiert, ein Instrument aus vergangenen Epochen, so die Meinung des früheren Arbeitgeberdirektors Peter Hasler und vieler anderer. Das Argument ist ein Evergreen, der vorgibt, moderne Arbeitnehmende würden sich besser individuell behaupten.

All diesen Behauptungen zum Trotz streiken jedoch in der Schweiz immer wieder Belegschaften – und zwar seit der Jahrtausendwende wieder verstärkt.

Die Renaissance des Streiks

Neu sind Arbeitskämpfe in der Schweiz nicht. Bis in die Mitte des letzten Jahrhunderts lag die Streikbereitschaft der hiesigen ArbeiterInnen durchaus im europäischen Durchschnitt. Noch gegen Ende des Zweiten Weltkriegs kämpften Zehntausende für mehr Lohn und für den Abschluss von Gesamtarbeitsverträgen (GAV) (siehe Tabelle der Streikphasen). Erst ab 1955 blieben die Streiks weitgehend aus und es begann der Schweizer Sonderfall des Arbeitsfriedens, während in anderen Ländern bei Lohnverhandlungen oder Vertragserneuerung immer mal wieder heftig gestritten wurde. In der Schweiz waren ArbeitnehmerInnen und Gewerkschaften zufrieden mit den durchaus substanziellen Errungenschaften, die sie am grünen Tisch erreichten. Unterbrochen wurde der Arbeitsfriede in den 1970er-Jahren von der Krise und den ersten Massenentlassungen seit Langem, insbesondere in der Industrie. Dagegen wehrten sich mehrere Belegschaften mit Arbeitskämpfen (Deshusses 2014), oft ohne Unterstützung durch die Gewerkschaften. In den meisten Fällen konnten sie die Entlassungen allerdings nicht verhindern. In den wirtschaftlich prosperierenden 1980er-Jahren gingen die Konflikte wieder zurück und es konnten nochmals Fortschritte am Verhandlungstisch erreicht werden (Rieger 2017). In den 1990er-Jahren war davon jedoch nicht mehr die Rede, ab nun war eher Rückschritt angesagt.

Streikphasen in der Schweiz von 1944 bis 2016

	Beteiligte pro Jahr	Beteiligte pro 1000 Arbeitnehmer	Anzahl Streiks pro Jahr
Kampfwelle 1944–1948	6300	4	33
Übergang 1949–1954	1400	0,9	8
Arbeitsfriede 1955–1970	260	0,1	3
Abwehrkämpfe 1971–1980	1250	0,5	8
Arbeitsfriede 1981–1990	210	0,07	2
Neue Kämpfe 1994–2016	6300	1,8	6

Quelle: Staatssekretariat für Wirtschaft SECO, BfS und eigene Berechnungen

Das letzte Jahrzehnt vor 2000 begann mit einem Paukenschlag: dem Frauenstreik vom Juni 1991. Hundertausende Frauen protestierten an diesem Tag, Zehntausende blieben der Arbeit fern und verlangten ein Ende der Diskriminierung (Schöpf 1992). Einen solchen branchenübergreifenden Massenstreik hatte die Schweiz seit 1918 nicht mehr gesehen. Als «politischer Streik» wurde er in die amtliche Streikstatistik nicht aufgenommen, obwohl er durchaus die Arbeits- und Lohnverhältnisse betraf.

Ab 1992 kippte die Hochkonjunktur in die Krise, Hunderttausende Arbeitsplätze wurden abgebaut. Einzelne Belegschaften kämpften gegen Entlassungen und für den Erhalt ihrer Arbeitsplätze oder Arbeitsbedingungen – jedoch mehrheitlich ohne Erfolg, wie zum Beispiel die Streiks in der Spinnerei in Kollbrunn (1994), bei Monteforno in Bodio (1994) oder bei Calida in La Chaux-de-Fonds (1995) zeigten. Ähnliche Abwehrkämpfe kannte die grafische Industrie. Gleichzeitig organisierten Angestellte des öffentlichen Diensts vermehrt Widerstandsaktionen gegen die Folgen der Sparpolitik. Die Kämpfe trugen dazu bei, das Streikrecht in der neuen Bundesverfassung von 2000 zu verankern.

Erst 1998 war die Krise überwunden. Nun verlangten die Gewerkschaften wieder Verbesserungen. So lancierte der SGB 1998 die Kampagne «Keine Löhne unter 3000 Franken». Und im Bauhauptgewerbe wurde die Forderung nach einer vorzeitigen Pensionierung wieder aufgenommen. In diesem Kontext markierten ab dem Jahr 2000 einige Arbeitskämpfe einen Wendepunkt: so der erfolgreiche Streik bei der Basler Zentralwäscherei gegen Lohnsenkungen (2000), der Streik gegen die Auslagerung der Arbeitsplätze bei Zyllis (2001) und der grosse Branchenstreik im Bauhauptgewerbe für den Altersrücktritt ab 60 Jahren (2002). Mit diesen Bewegungen festigte sich die Renaissance der Arbeitskämpfe in der Schweiz und ein neuer Streikzyklus begann. In all diesen Streiks wirkten seitdem – im Unterschied zu den 1970er-Jahren – die Gewerkschaften aktiv unterstützend.

Seit dem Jahr 2000 finden gemäss der amtlichen Streikstatistik des Bundesamtes für Statistik (BfS) jährlich drei bis zehn Streiks mit durchschnittlich über 6000 Beteiligten statt. Im europäischen Vergleich ist das nicht sehr viel. Aber im Unterschied zu anderen Ländern nimmt die Zahl der Ereignisse und der Beteiligten nicht ab. Letztere schiesst insbesondere bei Branchenbewegungen im Bau in die Höhe. Aber Streikereignisse sind gemäss Statistik des BfS über die ganze Wirtschaft verteilt: rund ein Viertel in der Industrie, ein Viertel im Bau und je ein Viertel im privaten und im öffentlichen Dienstleistungssektor (BfS 2017).

Die amtliche Streikstatistik unterschätzt jedoch die Realität und die Zahl der Arbeitskämpfe. Als Streik wird erst gezählt, wenn die Arbeit mindestens einen ganzen Tag geruht hat. Ein feineres Bild ergibt sich aus der Datenbank der Arbeitskämpfe, die die Unia seit 2000 für ihre Branchen führt. Als Streik werden hier Arbeitsniederlegungen ab einem halben Tag registriert; alles darunter gilt als Warnstreik. Damit werden 50 Prozent mehr kollektive Kampfmassnahmen erfasst als in der amtlichen Statistik. In die Datenbank aufgenommen werden auch weitere Aktionen der Belegschaften wie Protestversammlungen, Demonstrationen nach Arbeitsschluss, Unterschriftensammlungen am Arbeitsplatz etc. Allein für die Unia-Bereiche ergeben sich so jährlich zwischen fünf und zwanzig Streik- und Warnstreikereignisse mit rund 5000 Beteiligten. Die folgenden Aussagen beziehen sich auf diese Quelle.

Arbeitskämpfe 2000–2016: Beteiligte Personen

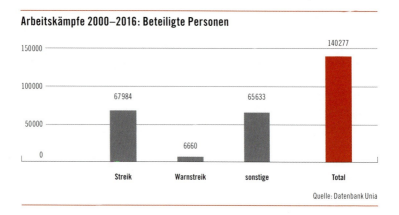

Quelle: Datenbank Unia

Vielfalt der Streikenden

Wer sind die Arbeitnehmenden, die die Arbeit niederlegen? Sind sie «Relikte aus früheren industriellen Jahrhunderten», wie einige monieren? Keineswegs; sie sind so vielfältig wie die abhängig Arbeitenden in der Schweiz von heute. Es streiken Industriearbeiter ebenso wie ihre AngestelltenkollegInnen: Bei den Streiks in Reconvilier (2004/06) und beim Warnstreik der Novartis-Beschäftigten in Nyon (2011) hatten die Angestellten und die ArbeiterInnen eine gleichwertige Rolle inne. Gleiches gilt für die jüngste sechstägige Arbeitsniederlegung beim US-Konzern Thermo Fisher (2017) im Kanton Waadt. Bei Merck Serono in Genf (2012) gab es nur Angestellte, zum Teil höchstqualifizierte ForscherInnen, die den Kampf getragen haben.

Traditioneller sehen die Streikbilder im Bau aus. Aber auch hier sind es keineswegs allein ungelernte Migranten, die entscheidend für die Bewegung sind. Eine ganz zentrale Rolle für den geradezu historischen Erfolg der Erringung des Rentenalters 60 im Jahr 2002 spielten die Poliere, das heisst die erfahrenen mittleren Kader.

Ein wesentliches Element im neuen Streikzyklus ist die aktive Rolle von Beschäftigten aus dem Dienstleistungssektor. Dies gilt sowohl für den verstärkten Widerstand von Angestellten im öffentlichen Dienst, die – aus dem Beamtenstatus entlassen – zusammen mit dem VPOD vermehrt zu Mitteln des Arbeitskampfs greifen. Ein Novum bilden aber insbesondere Angestellte im privaten Dienstleistungssektor. Waren hier Arbeitskämpfe bis in die 1990er-Jahre quasi unbekannt, sind sie nun ein wesentlicher Bestandteil der Streikrenaissance (Alleva/Pfister/Rieger 2012): im Handel (Usego/Denner, Spar u. a.), in Logistikzentren (Charles Veillon und Valrhôhne in der Waadt, CRAI im Tessin), in der Verkehrsbranche (verschiedene Konflikte auf Flughäfen; Navigazione Lago Maggiore 2017), im Gastgewerbe (Hotel Capitole Genf; Cindy's Diner Basel), im Kulturbereich (Schauspielhaus Zürich) oder in der privaten Pflege (Nathalie Stiftung; Primula). Jüngste Überraschung war die Arbeitsniederlegung Ende 2016 bei Generali in Nyon, wohl die erste in der Geschichte der Schweizer Versicherungsbranche. Diese Ausweitung der Streikbereitschaft in den Dienstleistungsbereich bedeutet gleichzeitig eine Feminisierung. Der Anteil von Frauen, die streiken und in Streiks eine führende Rolle spielen, nimmt zu.

Was die Nationalität der Streikenden betrifft, so ist diese ein Spiegel der normalen betrieblichen Zusammensetzung. Streiks sind weder «schweizerisch» noch «unschweizerisch». Drahtziehertheorien à la «Ausländer importieren fremde Streikkulturen» sind in der Schweizer Streikgeschichte – auch bei den Streiks in den 1970er-Jahren – beliebt (Koller 2012). Der Lega-Regierungsrat hat sie jüngst gegenüber dem Streik auf dem Lago Maggiore wieder aufgewärmt. Die Behauptung entbehrt jeglicher empirischer Grundlage.

Aus welchem Anlass greifen Arbeitnehmende plötzlich zum Mittel des Arbeitskampfs? Streiks in der Schweiz sind mehrheitlich defensiv. Es sind meist Abwehrkämpfe gegen Zumutungen der Arbeitgeber und des Managements. Mehr als ein Drittel der erfassten Ereignisse richten sich gegen kollektive Entlassungen und versuchen, diese zu verhindern oder zumindest abzufedern. Der zweithäufigste Anlass sind Verschlechterungen bei den Arbeitsbedingungen oder beim Lohn, zum Beispiel bei Aufkündigungen des GAV oder bei betrieblichen Änderungskündigungen. Zum Streik kommt es dabei meist, wenn seitens der Unternehmensführung jede Bereitschaft zum Verhandeln fehlt und die Betroffenen sich nicht ernst genommen fühlen. Mehrere Streiks drehten sich tagelang nur darum, die Unternehmensführung dazu zu bewegen, die Gewerkschaft am Verhandlungstisch zu akzeptieren (z. B. Pavatex, Generali, Thermo Fisher). Streiks um Verbesserungen wie höhere Löhne, Aufstockung des Personals oder frühzeitige Pensionierung sind seltener, sie setzen meist eine grössere gewerkschaftliche Tradition voraus.

Starke gesellschaftliche Wirkung

Streiks treffen das gesellschaftliche Umfeld in aller Regel unvorbereitet. Denn die Vorgeschichte, in der sich der Sturm zusammengebraut hat, ist ausserhalb des Betriebs meist unbekannt. Aber einmal ausgerufen, stossen Streiks meist schnell auf grosse Sympathie. Bei Arbeitskämpfen werden Probleme, die bis dahin individueller Natur waren, plötzlich als gemeinsame verstanden. Dabei werden Themen aufgeworfen, die nicht allein im Konfliktbetrieb, sondern auch andernorts virulent sind. Der Arbeitskampf steht stellvertretend für den unterlassenen Widerstand anderer.

Zum gesellschaftlichen Rückhalt trägt auch bei, dass die Streikenden sich sehr oft nicht ausschliesslich an den Arbeitgeber wenden, sondern auch an die Gesellschaft, und dies meist mit starken Symbolen und einer kreativen Verwendung der Möglichkeiten der neuen Kommunikationsmittel. So hissten beispielsweise die Schifffahrtsangestellten beim jüngsten Streik auf dem Lago Maggiore die Piratenfahne, um ihre Autonomie während der Arbeitsniederlegung auszudrücken.

Der starke gesellschaftliche Druck und der Drang zu einer schnellen Befriedung des Konflikts wirken auch auf die Behörden ein. Bei lokalen Streiks ist schnell der Regierungsrat gefragt, der in der Westschweiz und im Tessin meist seine guten Dienste anbietet. In der Deutschschweiz zögern die kantonale Regierungen aus Angst, eine Vermittlung werde vom bestreikten Unternehmen als Streikunterstützung verstanden. Bei nationalen Konflikten ist immer mal wieder der Bundesrat gefragt, so bei grossen Baukonflikten und beim Streik der SBB-Werkstätten in Bellinzona oder 2013 bei der gefährdeten Erneuerung des GAV für die Maschinenindustrie.

Erfolgreich

Streiks üben aber vor allem Druck auf den Arbeitgeber aus. Dies ist ihr Zweck und wirkt auch im 21. Jahrhundert. Die Unternehmensführung fürchtet sich vor einem grossen Macht- und Imageverlust sowie vor einer Zerrüttung der Beziehungen im Betrieb. Gleichzeitig muss sie die Anforderungen der Kunden erfüllen. All dies ruft im Land des Konsenses nach einer eher schnellen Lösung. Die Mehrheit der Streiks in der Schweiz sind von kurzer Dauer – und sie sind mehrheitlich erfolgreich. Lohnsenkungen werden abgewehrt, Dumpinglöhne angehoben. Entlassungen können in einigen Fällen ganz vermieden oder reduziert werden. Häufig wird zumindest ein verbesserter Sozialplan ausgehandelt. Arbeitskämpfe, die keines der gesteckten Ziele erreichen, sind selten. Und selbst dann noch sagen die Streikenden: Wir haben es wenigstens versucht. Aber auch einige der offensiven Streiks waren erfolgreich: etwa für die vorzeitige Pensionierung im Bau oder für bessere Arbeitsbedingungen bei Spar in Heimberg. Streiken lohnt sich also immer wieder.

Und streiken macht Schule. Die Bewegung im Bauhauptgewerbe 2002 animierte das Nebengewerbe zu ähnlichen Forderungen. Der erfolgreiche Streik bei Novartis in Nyon machte es für die Branchenkollegen bei Merck Serono in Genf denkbar, selbst Widerstand zu wagen. Der Streik bei den Officine eröffnete einen neuen Zyklus der Arbeitskämpfe im Tessin und ist dort seitdem immer wieder Vorbild. Im Kampf gegen Lohndumping gab es eine Welle von Auseinandersetzungen im Raum Zürich in den Jahren 2012 bis 2014 und in Neuenburg und Waadt seit 2015/16. Die Nachahmungseffekte werden natürlich auch durch das Vertrauen in die Gewerkschaft bestärkt. Wenn Unia-SekretärInnen den Streik bei Novartis sehr gut begleitet haben, dann erhoffen sich Merck-Angestellte Gleiches. Auf der andern Seite wachsen Know-how und Selbstvertrauen der GewerkschaftssekretärInnen durch einen erfolgreich beendeten Konflikt. Umgekehrt gilt das natürlich auch: So dämpfte die Niederlage im zweiten Streik bei Swissmetal für eine Zeit die Streikbereitschaft in der jurassischen Industrie.

Streiks mit Zukunft

Streiks entstehen aus der konkreten Situation: wenn der Druck auf die Betroffenen unerträglich wird, wenn andere Lösungswege aussichtslos sind und der Funke zu gemeinsamem Handeln übergesprungen ist. Dann legen auch mal «modernste» Gruppen von Lohnabhängigen ihre Arbeit nieder, zur Überraschung aller.

Drahtziehertheorien gehen an dieser Realität vorbei. Kein Streik entsteht ohne Belegschaft, in der sich ein harter Konflikt zusammenbraut, und ohne deren klaren Entscheid für dieses Mittel. Die Gewerkschaft unterstützt diesen Prozess und hilft, dass er sich erfolgreich entwickeln kann. Ist das nicht ihre Aufgabe? Hätten die Arbeitgeber lieber wilde Streiks?

Es gibt keinen Grund zur Annahme, dass solche Situationen nicht weiterhin entstehen werden. Streiks sind kein Auslaufmodell. Sie konnten aus der Geschichte der modernen Schweiz nur einmal verbannt werden: von Mitte der 1950er- bis Anfang der 1970er-Jahre. In dieser Zeit war die Verteilsituation jedoch eine besondere: Gewerkschaften erreichten jährlich am Verhandlungstisch Verbesserungen beim Lohn, bei der Arbeitszeit und bei anderen Arbeitsbedingungen. Es herrschte Vollbeschäftigung, Entlassungen waren äusserst selten, auch wenn diese gemäss Arbeitsgesetz schon früher leicht möglich gewesen wären. Sollte sich eine ähnliche Situation wieder einstellen, könnten Arbeitskämpfe wieder seltener werden. Ansonsten bleiben Streiks ein Mittel zur Konfliktlösung. Die Vorstellung, dass auch in schwierigen Zeiten alle Interessenskollisionen konfliktfrei über die Sozialpartnerschaft gelöst werden können, ist blauäugig. In der Schweiz gibt es im besten Falle eine halbierte Sozialpartnerschaft. Gerade mal 50 Prozent der Arbeitergeber sind in verbindlicher Weise in gesamtarbeitsvertragliche Beziehungen eingebunden (SGB 2013). Und auch GAV-Bereiche sind nicht konfliktfrei, denn es kommt immer wieder vor, dass sich einzelne Arbeitgeber nicht an den GAV halten, den Arbeitnehmerschutz verschlechtern oder aus dem Vertrag aussteigen.

Die GAV spielen in der Schweiz eine sehr wichtige Rolle. Aber statt eine illusorische konfliktfreie Sozialpartnerschaft zu beschwören, ist es realistischer, zu konstatieren, dass es sich um eine streitbare Sozialpartnerschaft handelt. Die Renaissance des Streiks ist ein Ausdruck davon. Archaisch sind nicht die Instrumente des Arbeitskampfs. Archaisch ist der jahrhundertealte Anspruch der Patrons, dass es Streiks und andere kollektive Arbeitskonflikte nicht geben dürfe.

Andreas Rieger

Merkmale der Streiks 2000 bis 2016

Erfasste Arbeitskämpfe	301	
Davon Streiks	112	(siehe Liste im Anhang)
Davon Warnstreiks	63	
Davon andere Aktionen	126	

Streiks nach Region

Deutschschweiz	42%
Romandie	40%
Tessin	18%

Streiks nach Sektor

Industrie	30%
Bau/Gewerbe	42%
private Dienstleistungen	28%

Streikdauer

½–1 Tag	55%
2–5 Tage	30%
6–29 Tage	13%
> 29 Tage	2%

Streikgrund

Entlassungen	36%
Verschlechterung von Arbeitsbedingungen/Lohn	30%
Gefährdeter GAV	16%
Forderung nach Verbesserungen	18%

Zielerreichung

Streikziel weitgehend erreicht	ca. 40%
Streikziel teilweise erreicht	ca. 50%
Streikziel nicht erreicht	ca. 10%

Quelle: Datenbank Unia

Anhang

Autorinnen und Autoren

Alleva, Vania (1969) Präsidentin Unia, Vizepräsidentin SGB, Bern

Andrey, Aline (1975) Journalistin bei der Zeitschrift *L'Evénement Syndical,* Lausanne

Bonsaver, Francesco (1970) Journalist bei der Zeitschrift *area,* Lugano

Borelli, Enrico (1969) Regionalsekretär Unia, Lugano

Boukhris, Karim (1972) Historiker, La Chaux-de-Fonds

Carrer, Claudio (1967) Chefredaktor der Zeitschrift *area,* Lugano

Dribbusch, Heiner (1954) Historiker, Politikwissenschaftler, WSI/ Hans-Böckler-Stiftung Düsseldorf

Hartmann, Hans (1966) Stabsmitarbeiter im Präsidium Unia, Zürich

Hug, Ralph (1954) Freier Journalist und Autor, St. Gallen

Laubscher Paratte, Catherine (1958) Regionalsekretärin Unia, Anwältin, Neuchâtel

Ferro Mäder, Anna Luisa (1953) Ehemalige Journalistin Zeitschrift *area,* Bern

Pelizzari, Alessandro (1974) Regionalsekretär Unia, Soziologe, Genf

Rechsteiner, Paul (1952) Präsident SGB, Ständerat, St. Gallen

Rieger, Andreas (1952) ehemaliger Co-Präsident Unia, Autor, Zürich

Schweri, Michel (1960) Bildungsverantwortlicher und Journalist, Genf

Stötzel, Michael (1948) Freier Journalist (für *work* und andere Zeitschriften), Zürich

Valsangiacomo, Nelly (1967) Professorin für Geschichte Universität Lausanne, Tegna

Bibliografie

Alleva, Vania / Pfister, Pascal / Rieger, Andreas, *Verkannte Arbeit. Dienst-leistungsangestellte in der Schweiz,* Zürich 2012.

Ambrosetti, Renzo / Pedrina, Vasco, «Streik, das letzte Mittel gegen wort-brüchige Bosse», in: *Tages-Anzeiger,* 11.3.2006, S. 26.

Andermatt, Arthur / Bianchi, Doris / Bruchez, Christian u. a. (Hg.), *Hand-buch zum kollektiven Arbeitsrecht,* Bern 2009.

Bewernitz, Torsten / Dribbusch, Heiner, «Kein Tag ohne Streik. Arbeits-kampfentwicklung im Dienstleistungssektor», in: *WSI-Mitteilungen,* 67 (5), 2014, S. 393-401.

Bundesamt für Statistik, *Kollektive Arbeitsstreitigkeiten,* Neuchâtel 2017, online abrufbar unter: www.bfs.admin.ch/bfs/de/home/statistiken/ arbeit-erwerb/gesamtarbeitsvertraege-sozialpartnerschaft/kollekti-ve-arbeitsstreitigkeiten.html.

Catti, Danilo, *1 due 100 officine.* Dokumentarfilm SRF, 2011.

Catti, Danilo, *Il salario negato.* Dokumentarfilm SRF, 2016.

Chenaux, Jean-Philippe / Jeandet, Bernard u. a. (Hg.), *La Paix du travail est-elle menacée?,* Lausanne 2007.

Clavien, Alain / Heimberg, Charles / Valsangiacomo, Nelly, «Des grèves au Pays de la paix du travail», in: *Cahiers d'Histoire du Mouvement Ouvrier,* 28, 2012, S. 5-24.

Daguet, André, «Zukunftsfähig durch tiefgreifende Reform», in: Armin-geon, Klaus / Geissbühler, Simon (Hg.), *Gewerkschaften in der Schweiz. Herausforderungen und Optionen,* Zürich 2000, S. 373-390.

Degen, Bernard, «Der Arbeitsfriede zwischen Mythos und Realität», in: *Widerspruch*-Sonderband, 1, 1987, S. 11-20.

Deshusses, Frédéric, *Grèves et contestations ouvrières en Suisse 1969-79,* Lausanne 2014.

Dribbusch, Heiner / Vandaele, Kurt (Hg.), «Strikes and union-led protests in age of austerity», *Transfer. European Review of Labour and Research,* 22 (3), 2016.

Hartmann, Hans / Pedrina, Vasco, «Streiks und soziale Kämpfe in der Schweiz. Bilanz und Perspektiven», in: *Widerspruch,* 52, 2007, S. 85-96.

Hug, Ralph, «Ein Jahrzehnt des Streiks», in: Unia (Hg.), *Gewerkschaft in Bewegung,* Bern 2015, S. 52-71.

Koller, Christian, «La grève comme phénomène ‹anti-suisse›: xénopho-bie et théories du complot dans les discours anti-grévistes (19e et 20e siècles)», in: *Cahiers d'Histoire du Mouvement Ouvrier,* 28, 2012, S. 25-46.

Koscis, Andrea / Sterkel, Gabriele / Wiedemuth, Jörg, *Organisieren am Konflikt. Tarifauseinandersetzungen und Mitgliederentwicklung im Dienstleistungssektor,* Hamburg 2013.

Lepori Sergi, Angelica / Testa Mader, Anita, «Officina Donna: L'altra metà della resistenza», in: Valsangiacomo, Nelly / Mariani Arcobello, Fran-cesca (Hg.), *Altre culture. Quaderni di storia del movimento operaio 16,* Bellinzona 2001, S. 329-348.

Liebig, Steffen / Schmalz, Stefan, «Ein neuer Protestzyklus? Zum Wandel des sozialen Konflikts in Westeuropa», in: Dörre, Klaus u. a. (Hg.), *Arbeit in Europa. Marktfundamentalismus als Zerreissprobe*, Frankfurt/New York 2014, S. 229–247.

Noverraz, Pierre u. a., *Quand «La Boillat» était en grève: Swissmetal Reconvilier*, Lausanne 2005.

Oesch, Daniel, «Weniger Koordination, mehr Markt? Kollektive Arbeitsbeziehungen und Neokorporatismus in der Schweiz seit 1990», in: *Swiss Political Science Review*, 13, 2007, S. 337–368.

Oesch Daniel, «Swiss trade unions and industrial relations after 1990. A history of decline and renewal», in: Trampusch, Christine / Mach, André (Hg.), *Switzerland in Europe. Continuity and Change in the Swiss Political Economy*, London 2011, S. 82–102.

Pedrina, Vasco (Hg.), *Rentenalter 60 auf dem Bau: wie es dazu kam*, Unia Bern, 2015.

Rechsteiner, Paul, «Arbeitskonflikte als Zeichen stärkeren Drucks auf die Arbeitnehmer», in: NZZ, 31.5.2006, S. 15.

Renneberg, Peter, *Arbeitskämpfe von morgen? Arbeitsbedingungen und Konflikte im Dienstleistungsbereich*, Hamburg 2005.

Rieger, Andreas, «Offensive Gewerkschaftspolitik. Bilanz und Perspektiven», in: *Widerspruch*, 40, 2001, S. 115–123.

Rieger, Andreas, «The Renaissance of strikes in Switzerland», in: *Transfer. European Review of Labour and Research*, 22 (3), 2016, S. 419–423.

Rieger, Andreas, «Renaissance der Arbeitskämpfe in der Schweiz», in: *Widerspruch*, 69, 2017, S. 115–125.

Rossi, Gabriele, *Giù le mani dalle Officine*, Pregassona 2008.

Schöpf, Elfie, *Frauenstreik – Ein Anfang*, Bern 1992.

Schweizerischer Gewerkschaftsbund, *Streiks in der Schweiz. Zeichen der Veränderung*, Bern 2000.

Schweizerischer Gewerkschaftsbund, *Streiken wirkt. Arbeitskämpfe in der Schweiz*, Bern 2008.

Schweizerischer Gewerkschaftsbund, *Halbierte Sozialpartnerschaft in der Schweiz*, Dossier Nr. 94, Bern 2013.

Unia Genf, *Initiative wieder ergreifen – Entlassungen bekämpfen, Beschäftigte schützen*, Genf 2016.

Valsangiacomo, Nelly u. a., «Des grèves au pays de la paix du travail», in: *Cahiers d'Histoire du Mouvement ouvrier*, 28, 2012.

Vandaele, Kurt, «Ende des Abwärtstrends? Zur Entwicklung des Streikvolumens in Westeuropa», in: *WSI-Mitteilungen*, 67 (5), 2014, S. 345–352.

Vandaele, Kurt, «Interpreting strike activity in western Europe in the past 20 years», in: *Transfer. European Review of Labour and Research*, 22 (3), 2016, S. 277–294.

Widerspruch, *Arbeitsfrieden – Realität eines Mythos*, Widerspruch-Sonderband 1, Zürich 1987.

Streiks in Unia-Branchen 2000 bis 2016

Beginn Dauer	Unternehmen	Ort	Branche	Streikgrund
08.03.2000 (1 Tag)	Zentralwäscherei Basel	Basel (BS)	Wäschereien	Lohnabbau in der Höhe von z.T. über Fr. 1000.-
05.05.2000 (1 ½ Tage)	Wäscherei Aare AG	Rheinfelden (AG)	Wäschereien	Tiefstlöhne; drohende Lohnsenkungen
13.06.2000 (7 Tage)	CERN	Genf (GE)	Reinigung	Neuer Arbeitgeber verschlechtert Arbeitsbedingungen massiv
15.11.2000 (7 Tage)	Sapal SA SIG Pack	Ecublens (VD)	Metall/ Maschinen	Die Geschäftsleitung will 120 Stellen abbauen
29.11.2000 (6 Tage)	Zentralwäscherei Basel	Basel (BS)	Wäscherei	Lohnabbau in der Höhe von z.T. über Fr. 1000.–
16.05.2001 (1 Tag)	Coop	Tessin (TI)	Detailhandel	Zu wenig Personal und tiefere Löhne im Tessin
13.09.2001 (2 Tage)	Gardy Technologies	Préverenges (VD)	Metall/ Maschinen	Drohende Entlassungen durch Schliessung des Unternehmens
01.11.2001 (1 Tag)	branchenweit	Gesamte Schweiz	Bauhauptgewerbe	Forderung nach Einführung des frühzeitigen Altersrücktritts
01.02.2002 (5 Std.)	Batigroup Messezentrum	Basel (BS)	Bauhauptgewerbe	Unbewilligte Schichtpläne und fehlende Schichtzulagen
20.02.2002 (5 Std.)	Micarna (Migros)	Courtepin (FR)	Detailhandel	Schlechte Löhne und Arbeitszeiten
14.03.2002 (2 Tage)	Vobag AG	Adliswil (ZH)	Maschinenbau	Entlassungen wegen Schliessung des Betriebs
18.04.2002 (1 Tag)	NEAT-Baustelle	Ferden (VS)	Bauhauptgewerbe	Forderung nach Verbesserung des Gesundheitsschutzes
31.5.2002 (4 Std.)	HIAG	Fideris (GR)	Holzindustrie	Massenentlassung ohne Sozialplan
27.09.2002 (1 Tag)	branchenweit	Gesamte Schweiz	Bauhauptgewerbe	Baumeisterverband bricht Vertrag für Frühzeitigen Altersrücktritt FAR
28.09.2002 (3 Tage)	Neat-Baustelle	Amsteg (UR)	Bauhauptgewerbe	Forderung nach höheren Löhnen und Zulagen
04.10.2002 (1 Tag)	Batigroup Swiss-Re	Freienbach (SZ)	Bauhauptgewerbe	Forderung nach Einführung des frühzeitigen Altersrücktritts FAR
05.10.2002 (1 Tag)	Casino-Baustelle	St. Gallen (SG)	Bauhauptgewerbe	Forderung nach Einführung des frühzeitigen Altersrücktritts FAR
09.10.2002 (1 Tag)	Anliker AG Mparc	Sursee (LU)	Bauhauptgewerbe	Forderung nach Einführung des frühzeitigen Altersrücktritts FAR

Beginn Dauer	Unternehmen	Ort	Branche	Streikgrund
10.10.2002 (1 Tag)	Ernst Frey AG	Kaiseraugst (AG)	Bauhauptgewerbe	Forderung nach Einführung des frühzeitigen Altersrücktritts FAR
10.10.2002 (1 Tag)	Sarer SA	Crissier (VD)	Bauhauptgewerbe	Forderung nach Einführung des frühzeitigen Altersrücktritts FAR
10.10.2002 (1 Tag)	Verschiedene Baustellen	St. Moritz (GR)	Bauhauptgewerbe	Forderung nach Einführung des frühzeitigen Altersrücktritts FAR
10.10.2002 (1 Tag)	Niederer AG	Altstätten (SG)	Bauhauptgewerbe	Forderung nach Einführung des frühzeitigen Altersrücktritts FAR
04.11.2002 (1 Tag)	branchenweit	Gesamte Schweiz	Bauhauptgewerbe	Forderung nach Einführung des frühzeitigen Altersrücktritts FAR
02.05.2003 (4 Tage)	Rutz Kaminbau	Rümlang (ZH)	Bauhauptgewerbe	Firma will aus dem GAV des Bauhauptgewerbes und dem FAR raus
23.05.2003 (2 Tage)	Isotech	Biel (BE)	Bauhauptgewerbe	Firma will aus dem GAV des Bauhauptgewerbes und dem FAR raus
13.06.2003 (8 Tage)	Isotech	Schlieren (ZH)	Bauhauptgewerbe	Firma will aus dem GAV des Bauhauptgewerbes und dem FAR raus
26.06.2003 (5 Tage)	CERN	Genf (GE)	Reinigung	Outsourcing und damit verbundene Entlassungen
24.09.2003	Rewe	Lyss (BE)	Logistik	Schliessung des Standorts
19.11.2003 (1 Tag)	Veillon SA	Bussigny (VD)	Logistik/ Detailhandel	Geplante Massenentlassungen
18.11.2003 (8 Tage)	Zyliss	Lyss (BE)	Produktion Küchengeräte	Schliessung des Standorts und Massenentlassungen
26.04.2004 (1 Tag)	branchenweit	Deutschschweiz und TI	Maler/Gipser	Forderung nach Frühpensionierungslösung
03.05.2004 (2 Tage)	Metalcolor	Forel sur Lavaux (VD)	Metall/ Maschinen	Forderungen nach mehr Lohn, kürzeren Arbeitszeiten und Gesundheitsschutz
28.05.2004 (2 Tage)	branchenweit	Deutschschweiz und TI	Maler/Gipser	Forderung nach Frühpensionierungslösung
19.10.2004 (2 Tage)	Piatti AG	Dietlikon (ZH)	Küchenbau	Verschlechterung der Arbeitsbedingungen durch Auslagerung von Arbeitsplätzen
01.11.2004 (1 Tag)	Veillon SA	Bussigny (VD)	Logistik/ Detailhandel	Ankündigung von Massenentlassungen durch Schliessung des Standorts
16.11.2004 (8 Tage)	Swissmetal	Reconvilier (BE)	Metall/ Maschinen	Ankündigung einer Reorganisation und Entlassung des Direktors
16.12.2004 (5 Std.)	Wieland	Zürich (ZH)	Schreinergewerbe	Vertragsloser Zustand (GAV Schreinereien)
16.12.2004 (5 Std.)	Zimmerli	Zofingen (AG)	Schreinergewerbe	Vertragsloser Zustand (GAV Schreinereien)
28.02.2005 (1 Tag)	Gardy Technologies	Préverenges (VD)	Metall/ Maschinen	Abbau von Arbeitsplätzen und Entlassungen

Beginn Dauer	Unternehmen	Ort	Branche	Streikgrund
25.04.2005 (4 Tage)	Honegger Reinigung AG	Zürich (ZH)	Reinigung	Verschlechterung der Arbeitsbedingungen
14.07.2005 (4 Tage)	Flughafen-Taxis	Kloten (ZH)	Taxifahrer	Forderung nach einem Mindestlohn von Fr. 4000.– und Lohn bei Krankheit
11.10.2005 (1 Tag)	Usego/Rewe/ Denner	Egerkingen (SO)	Verteilzentrum Detailhandel	Arbeitsplatzabbau und Aufkündigung des GAV bei Firmenübergang
25.01.2006 (4 Tage)	Schauspielhaus Zürich	Zürich (ZH)	Theater	Arbeitgeber verweigert die Einführung des neu ausgehandelten Lohnsystems
25.01.2006 (30 Tage)	Swissmetal	Reconvilier (BE)	Metall	Abbau von Arbeitsplätzen und Verlagerungsstrategie
27.09.2006 (1 Tag)	Del Maître	Genf (GE)	Detailhandel	Entlassung von ArrbeiterInnen; Verweigerung von Verhandlungen mit der Unia
15.01.2007 (1 Tag)	Phonehouse	Lausanne (VD)	Detailhandel	Massenentlassungen ohne Sozialplan
13.02.2007 (1 Tag)	Mode Discount	Genf (GE)	Detailhandel	Ausschluss der Unia aus Verhandlungen um Arbeitsbedingungen
01.05.2007 (1 Tag)	Schoeller Arca	Romont (FR)	Verpackungsindustrie	Massenentlassung ohne Sozialplan
13.10.2007 (1 Tag)	NEAT-Baustellen	Bodio, Faido, Amsteg, Sedrun	Bauhauptgewerbe	Gefährdung der Errungenschaften des Landesmantelvertrags
15.10.2007 (1 Tag)	Div. Unternehmen	Bern, Genf, Neunburg	Bauhauptgewerbee	Gefährdung der Errungenschaften des Landesmantelvertrags
01.11.2007 (1 Tag)	Div. Unternehmen	Zürich und Basel	Bauhauptgewerbe	Gefährdung der Errungenschaften des Landesmantelvertrags
12.03.2008 (1 Tag)	Div. Unternehmen	Basel (BS)	Bauhauptgewerbe	Gefährdung der Errungenschaften des Landesmantelvertrags
02.04.2008 (1 Tag)	Div. Unternehmen	Zürich (ZH)	Bauhauptgewerbe	Gefährdung der Errungenschaften des Landesmantelvertrags
07.03.2008 (33 Tage)	Officine SBB	Bellinzona (TI)	Eisenbahnwerkstätten	Drohender Abbau und Auslagerung der Arbeitsplätze
15.06.2008 (4 Tage)	Element AG	Avenches (VD)	Betonwaren	Massentlassung ohne Sozialplan bei Schliessung des Standorts
14.07.2008 (7 Schichten)	NEAT-Baustelle	Sigirino (TI)	Bauhauptgewerbe	Streik um Zahlung für Unterkünfte und Verpflegung
27.10.2008 (5 Std.)	Borregaard	Riedholz (SO)	Zellulose-Industrie	Massenentlassung
09.02.2009 (5 Tage)	Mode Discount Plus	Genf (GE)	Detailhandel	Entlassung des Personals und Verweigerung der Verhandlungen mit der Unia
30.04.2009 (2 Tage)	Spar Tankstellenshop	Heimberg/ Thun (BE)	Detailhandel	Tieflöhne und Personal-Unterbesetzung

Beginn Dauer	Unternehmen	Ort	Branche	Streikgrund
01.07.2009 (1 Tag)	Tankstellen-Shop Fair Express	Le Lignon (GE)	Detailhandel	Missbräuchliche Kündigungen, fehlender Sozialplan
05.09.2009 (1 Tag)	Wsc Communications	Manno (TI)	Callcenter	Ausbleibende Lohnzahlungen
22.09.2009 (1 Tag)	Studer Professional Audio	Regensdorf (ZH)	Elektronik	Auslagerung der Produktion nach England
27.05.2010 (3 Tage)	Barbey SA	Granges-Marnand (VD)	Lebensmittel	Missachtung des Arbeitsgesetzes, nicht erfasste Arbeitsstunden, Repressalien
01.10.2010 (1 Tag)	Agie-Charmiles	Genf (GE)	Metall/ Maschinen	Massenentlassungen durch Auslagerung der Produktion
08.02.2011 (2 Tage)	Trasfor SA	Mollinazzo (TI)	Metall/ Maschinen	Erhöhung der Arbeitszeiten bei gleichem Lohn
07.04.2011 (1 Tag)	Biomill	Granges-Marnand (VD)	Lebensmittel	Entlassungen durch Auslagerung der Produktion
04.07.2011 (1 Tag)	branchenweit	Tessin (TI)	Bauhaupt-gewerbe	Verluderung und Dumping in der Baubranchen (Maledilizia)
21.10.2011 (3 Tage)	Marti AG, SBB-Baustelle	Zürich (ZH)	Bauhaupt-gewerbe	Miserable Zustände im Untertagbau, z.B. herabfallender Kot/Urin
16.11.2011 (1 Tag)	Novartis AG	Nyon (VD)	Pharmazeutik	Drohende Massenentlassung durch Schliessung des Standorts
25.11.2011 (1 Tag)	branchenweit	Waadt, Genf, Zürich, Bern	Bauhaupt-gewerbe	Drohender vertragsloser Zustand auf dem Bau
29.11.2011 (1 Tag)	Valrhône / PAM	Bussigny (VD)	Detailhandel/ Logistik	Drohende Streichung der Lohn-Gratifikationen
02.12.2011 (1 Tag)	branchenweit	Tessin (TI)	Bauhaupt-gewerbe	Drohender vertragsloser Zustand auf dem Bau
12.01.2012 (2 Schichten)	NEAT-Baustelle	Faido (TI)	Bauhaupt-gewerbe	Zu hohe Temperaturen im Tunnel und mangelhafte Arbeitssicherheit
11.06.2012 (3 Tage)	e-therm / Frutiger AG	Basel und Rüfenacht (BE)	Bauhaupt-gewerbe	Arbeiter werden nicht dem GAV unterstellt
19.06.2012 (2 Tage)	LATI	Sant'Antonino (TI)	Nahrungsmittel	Verschlechterung der Arbeits-bedingungen
12.6.2012 (5 Tage)	Merck Serono	Genf (GE)	Pharmazeutik	Schliessung des Genfer Standorts, 1200 Entlassungen
03.07.2012 (1 Tag)	Aperto-Shop	Thun (BE)	Detailhandel	Forderung nach Verbesserung der miserablen Arbeitsbedingungen
18.07.2012 (1 Tag)	branchenweit	Tessin (TI)	Eisenleger	Protest gegen die zunehmenden Lohndumpingfälle
14.12.2012 (1 Tag)	Mutti SA	Bellinzona (TI)	Bauhaupt-gewerbe	Betriebsschliessung und Massenentlassung

Beginn Dauer	Unternehmen	Ort	Branche	Streikgrund
16.01.2013 (3 Tage)	EP Systems	Neuchâtel (NE)	Metall/ Maschinen	Ankündigung der Verlagerung Produktion ins Ausland
23.01.2013 (3 Tage)	A.Berger & Co.	Delémont (JU)	Metall/ Maschinen	Ankündigung der Verlagerung Produktion ins Ausland
01.02.2013 (1 Tag)	International Logistics	Oberentfelden (ZH)	Detailhandel/ Logistik	Ausstehende Lohnzahlungen
10.04.2013 (1 Tag)	Hotel Capitole	Genf (GE)	Gastgewerbe	Massenentlassung beim Übergang des Betriebs
03.06.2013 (11 Tage)	Spar Tankstellenshop	Dättwil (AG)	Detailhandel	Schlechte Arbeitsbedingungen, Personal-Unterdotierung
04.07.2013 (4 Tage)	branchenweit	Schaffhausen (SH)	Gartenbau	Sehr tiefe Löhne, fehlender GAV
17.07.2013 (2 Tage)	Subunternehmer	Andermatt (UR)	Elektromontage	Dumpinglöhne und Kündigungen auf der Baustelle Chedi Hotel
23.10.2013 (2 Tage)	SBB-Baustelle	Zürich (ZH)	Ausbau-Gewerbe	Massives Lohndumping auf der Baustelle im Zürcher HB
12.11.2013 (1 Tag)	Swiss Development Group	Mont Pèlerin (VD)	Schreiner- gewerbe	Massives Lohndumping auf der Baustelle Hotel Kempinski
09.04.2014 (7 Tage)	Bacab SA	Sainte-Croix (VD)	Metall/ Maschinen	Massenentlassung wegen Standort-Verlagerung
14.04.2014 (5 Std.)	Pascual Transports	Satigny (GE)	Bautransport	Forderung nach Unterstellung unter den GAV des Bauhaupt- gewerbes
15.04.2014 (1 Tag)	Lagen SA	Vernier (GE)	Textilindustrie	Massenentlassung und Verweige- rung von Verhandlungen
16.06.2014 (1 Tag)	branchenweit	Maggiatal u. Rivieratal (TI)	Granitgewerbe	Aufkündigung der Unterstellung unter FAR Bauhauptgewerbe
13.06.2014 (14 Tage)	Primula AG	Küsnacht (ZH)	Spitex-Dienste	Dumpinglöhne, nicht vergütete Überstunden
01.07.2014 (2 Tage)	POKO-AL	Basel (BS)	Ausbau-Gewerbe	Dumpinglöhne auf der Baustelle Roche-Turm
14.11.2014 (3 Tage)	Pavatex	Fribourg (FR)	Holzindustrie	Massentlassung und Verweigerung von Verhandlungen mit der Unia
19.02.2015 (8 Tage)	Exten SA	Mendrisio (TI)	Kunststoff	Massive Lohnkürzungen (Vorwand überteuerter Schweizer Franken)
02.03.2015 (1 Tag)	SMB SA	Biasca (TI)	Metall	Erhöhung der Arbeitszeit und Entlassungen
06.03.2015 (6 Tage)	Buanderie de Mar- sens	Marsens (FR)	Wäschereien	Verschlechterung der Arbeitsbedingungen
10.03.2015 (2 Tage)	Mecalp Technology	Meyrin (GE)	Autobestandteile	Massive Lohnkürzungen (Vorwand überteuerter Schweizer Franken)

Beginn Dauer	Unternehmen	Ort	Branche	Streikgrund
17.06.2015 (3 Tage)	Exten SA	Mendrisio (TI)	Kunststoff	Entlassung eines Streik-Leaders; mangelhafte Umsetzung der Vereinbarung
22.06.2015 (7 Tage)	L'école Renaissance	Vich (VD)	Privatschule	Fehlende Auszahlung der Löhne
07.07.2015 (1 Tag)	Frutiger AG	Sursee (LU)	Ausbau-Gewerbe	Lohndumping durch Scheinselbständigkeit
28.08.2015 (3 Tage)	Ceva	Genf (GE)	Bauhauptgewerbe	Zu tiefe Lohneinstufung und fehlende Zuschläge
06.10.2015 (2 Tage)	CRAI SA	Riazzino (TI)	Logistik / Detailhandel	Forderung nach Rückzug der Entlassungen und Verhandlung eines GAV
10.11.2015 (1 Tag)	branchenweit	Gesamte Schweiz	Bauhauptgewerbe	Angriff des Baumeisterverbandes auf Rentenalter 60 / FAR
10.12.2015 (1 Tag)	branchenweit	Genf (GE)	Bauhauptgewerbe	Forderungen nach Verbesserungen im Genfer Zusatz-GAV
15.01.2016 (1 Tag)	Zwahlen et Mayr SA	Massongez (VS)	Metall/ Maschinen	Nicht ausbezahlte Löhne, Lohndumping bei Subunternehmer-Firma
22.01.2016 (1 Tag)	Zali Sarl	Le Sentier (VD)	Maler & Gipser	Lohndumping; nicht ausbezahlte Löhne
20.05.2016 (1 Tag)	Bertusi SA	Renens (VD)	Ausbau-Gewerbe	Lohndumping; nicht ausbezahlte Löhne
30.08.2016 (16 Tage)	Alpen Peak	Neuchâtel Sainte-Croix (NE/VD)	Ausbau-Gewerbe	Massives Lohdumping
20.12.2016 (1 Tag)	Generali	Nyon (VD)	Versicherungen	Entlassungen infolge Standortverlagerung

Anmerkung zur Datengrundlage

Die Unia führt eine Datenbank, die ab dem Jahr 2000 alle Arbeitskämpfe in den Branchen der Unia (resp. ihrer Vorläuferorganisationen) erfasst. Als «Streik» werden Arbeitsniederlegungen von 4 Stunden und mehr gezählt, Arbeitsniederlegungen unter 4 Stunden als «Warnstreik». Gezählt werden – wie in der Streikstatistik des Bundesamtes für Statistik – die ausgefallenen Arbeitsstunden/ -tage (nicht Kalendertage). Aktionen von Belegschaften, die die Arbeitszeit nicht tangieren, sind als «andere Aktionen» erfasst. Die Unia-Datenbank hält neben den in der obenstehenden Tabelle aufgeführten Merkmalen auch die Anzahl der Beteiligten, den Anteil Männer/ Frauen sowie die Zielerreichung fest.